I0439226

ENSAYO SOBRE EL PENSAMIENTO SUTIL

La cuestión de la causalidad
La causalidad en cuestión

APERTURAS, 4

Juan Carlos De Brasi

ENSAYO SOBRE
EL PENSAMIENTO SUTIL

La cuestión de la causalidad
La causalidad en cuestión

EPBCN
EDICIONES

Edita: © EPBCN — Espacio Psicoanalítico de Barcelona
Balmes, 32, 2º 1ª
08007 Barcelona
93 454 89 78
info@epbcn.com
http://www.epbcn.com

2ª edición: Junio de 2016
Copyright © Juan Carlos De Brasi
De la presente edición: © Espacio Psicoanalítico de Barcelona, 2016
Maquetación: Josep Maria Blasco y Carles Fabregat
Portada: Fabián Ortiz, Carles Fabregat y Josep Maria Blasco
Diseño de la colección: Josep Maria Blasco y Carles Fabregat
Depósito legal: B-14270-2016
ISBN: 978-1533609106

Prohibida la reproducción total o parcial de esta obra bajo cualquier método, incluidos la reprografía, la fotocopia, el tratamiento digital o cualquier otro soporte, sin la previa autorización por escrito de los titulares de *copyright*.

ÍNDICE

Se sorprenderían
de saber que ya hace mucho tiempo
que la casualidad juega con ellos,
una casualidad no del todo preparada
para convertirse en su destino,
que los acercaba y alejaba,
que se interponía en su camino
y que conteniendo la risa
se apartaba a un lado.
....
Hubo signos, señales,
pero qué hacer si no eran comprensibles.
....
Hubo algo perdido y encontrado.
Quién sabe si alguna pelota
en los matorrales de la infancia
....
Hubo picaportes y timbres
en los que un tacto
se sobrepuso a otro tacto.
Maletas, una junto a otra, en una consigna.
Quiza una cierta noche el mismo sueño
desaparecido inmediatamante después de despertar.

Todo principio
no es más que una continuación,
y el libro de los acontecimientos
se encuentra siempre abierto a la mitad.

Wislawa SZYMBORSKA

Debo dejar algo claro: no he dicho nada extraordinario ni tampoco sorprendente. Lo extraordinario comienza en el instante en que yo dejo de escribir. Pero entonces ya no soy capaz de hablar de ello.

Maurice BLANCHOT

Exergo

La trilogía, forjada durante largo tiempo, empezó con *La explosión del sujeto*[1] y continuó con *La problemática de la subjetividad*,[2] culminando con este ensayo. No existe una articulación temática, sino conexiones manifiestas e imperceptibles entre los diferentes textos. El movimiento final —desde el cual toma sentido el comienzo— es un retorno diferenciado a un punto de inflexión, donde aguarda una ética para ser elucidada.

Breviario (breve diario de viaje)

La explosión del sujeto trató de llevar hasta su frontera, a menudo forzándolo desde dentro, al discurso freudiano, para hacerle decir lo que no quiso, ni pudo o no alcanzó a decir. La idea fue seguir la marcha de su pensamiento sobre las masas para arribar a un puerto fuera de itinerario, el *desfondamiento* del sujeto clásico. Con su alocución finaliza un movimiento comenzado un siglo atrás.

---

[1] *La explosión del sujeto. Acontecer de las masas y desfondamiento subjetivo en Freud*, 4º edición corregida y ampliada, EPBCN Ediciones [Volumen 2 de esta colección – Ed.].

[2] *La problemática de la subjetividad. Un ensayo, una conversación*, 2º edición, EPBCN Ediciones [Volumen 3 de esta colección – Ed.].

Sin embargo, la trampa inconciente del mismo Freud se cerró sobre su discurso inaugural, pues fue silenciado por diversas formas de institucionalización del análisis, tildando su obra de «psicoanálisis aplicado», «obra sociológica» y otros marbetes.

Levantar esas censuras y sustracciones del acto clínico fue una de las finalidades del texto.

Otra apuntaba al *desfondamiento* del sujeto (*sub-iectum*) mencionado, de su sub-conciente y sus oscuras bases sub-terráneas. La multiplicidad de componentes y lógicas que lo poblaban hizó colegir que su fondo no era más que un abismo, mezcla de fugaces e irrepresentables transformaciones.

Entonces, queda, de ese modo, facilitado el pasaje a *La problemática de la subjetividad.*

Ella deambula por una rigurosa imbricación de cuestiones. Cada una avanza según su ritmo y peculiaridades, sin que ninguna definición congele sus desarrollos.

En la *Problemática* se golpean duramente los dualismos, binarismos y demás miembros de tan sagrada familia. Ellos, con sus apetencias de sustitución de la complejidad, han creado los fantasmas de una realidad simplificada que pasa por ser real en-sí-misma.

Así, lo que es un mecanismo reflexivo útil y un modo de actualización servicial, se tornó el meollo de la cosa.

Lo que tuvo un origen pietista (interno/externo), de cuño teologico-moral (bueno/malo), de congelado mundo ideatorio (sensible/suprasensible) o de raíz ideológica objetivista (individuo/sociedad) fue elevado como una maciza forma de explicación y argumentación válidas de lo alucinado, extrapolado como una existencia concreta. Es decir, la inversión del mundo se impostaba como la ley de su constitución.

El encadenamiento de cuestiones finalmente se resuelve en un concepto de subjetividad que rehuye lo obvio y rechaza toda duplicidad. Es la conclusión obligada, impulsada por el orden secuencial.

Se trata de una *exterioridad* —que deshace la barrera entre lo interno y lo externo— *porosa* (de *póros*, vía de comunicación y reciprocidad), *permeable* e *interpenetrada*. El *cuerpo* es su enclave. Así es *producida* en constante intercambio, en un ámbito social-histórico, con otros cuerpos y diversos *cuerpos sin órganos*.

Las caracterizaciones de todos estos conceptos se han venido elaborando, ininterrumpidamente, desde hace dos siglos (esto sólo por hablar de lo cercano). Sobran testimonios al respecto, que se ignoran por miopía o desinterés. Ninguna línea u orientación posmoderna las acogió; es más, han sido totalmente repudiadas —hasta el escándalo— por cada una de sus fracciones y facciones. Alguno de estos ataques es revisitado y cuestionado en la *Problemática*.

Podríamos continuar con cada una de las nociones y manantiales que bañan la «producción de subjetividad» (agenciamiento, crítica de la representación, dialecticidad, micrología, exterioridad, fetichismo —no sólo el de la mercancía—, signatura, dinero, plano de inmanencia, determinación, intensidad, antiproducción, etc.) para darnos cuenta de dos aspectos relevantes, generalmente ignorados o desestimados. *Uno*, que comporta una investigación siempre en curso, plena de reformulaciones y estilos de abordaje. *Otro*, consecuente con el anterior, es que sus travesías están provistas de sólidos avíos conceptuales e históricos.

La entrevista que acompaña a *La problemática de la subjetividad* está puesta como un ariete para que el *entre* (diferencia radical que anula toda dualidad) no se pierda de *vista*.

Ahora cabe la re-unión que da un soporte a la concreción psicoanalítica del desfondamiento del sujeto clásico. Esa operación da paso, entonces, a un concepto de subjetividad como el desplegado («donde nos piden definiciones ofrecemos desarrollos» decía Marx) en la *Problemática*; subjetividad en la que no podíamos detenernos y que debíamos llevar hasta sus propios límites. Sabiendo que éstos no la limitan, sino que, como todo límite, posibilitan el ensanche de las perspectivas hacia atrás y hacia lo que nos espera para ser recorrido. Ahí toma el relevo *Ensayo sobre el pensamiento sutil*, que emprende una tarea sin precedentes que se hayan ocupado expresamente (no de usos, menciones o fusiones autorales; es muy común ver estampada —en textos de pretensión científica— la ocurrente frase: *determinación causal*) de los asuntos trabajados en el libro. Ella consiste en deslindar la causalidad de la determinación, y en someter ésta a la herida íntima o de*s*terminación que no le permite cicatrizar.

La exploración avanza mediante una *elucidación crítica propositiva*, cuya función es la de destacar el relieve de lo criticado y sus topes, así como los de la misma labor indagatoria. ¿Qué sería entonces el pensamiento sutil? Ante todo un proceso de pensamiento que requiere su fundamentación en otro momento y en un escrito a propósito. Y enseguida una operación específica; operación de deslinde de la diferencia y la complejidad en el ambito de lo imperceptible. Es capital no perderla de vista enredándose en acercamientos linguísticos acerca de la polisemia —que siempre remite a una unidad preformada— de los términos en juego. A partir de ahí sus características, como iré acotando, son totalmente expansivas.

A ella se pliega una *dramática de las afecciones conceptuales* (como me gustaría llamarla). Por ella la manifestación de los olvidos, censuras, omisiones, exclusiones y demás procesos, juegan como condiciones de emergencia y formulación de una ética que bullía en el magma de lo soterrado.

Con esos vehículos, por distintas vías, se accede a una compleja y ramificada *ética de la responsabilidad* (ya desentendida de nociones como «carga», «culpa», «sacrificio», «causa de...» y otras virtudes teologales), valorada como el *acto* mismo por el cual un sujeto se convierte en singularmente colectivo. Ese acto responsable es el que caracteriza a una de*s*terminación específica, donde la intervención del sujeto es fundamental. Por otro lado ella no es sino la marca de un destino peculiar. O nos determinamos, nos decidimos, a generar un futuro posible o no podremos eludir la responsabilidad de su inexistencia, de mudar, ser mudos testigos de una nueva especie de desaparecidos.

Ensayo sobre el pensamiento sutil peregrina sin acompañantes, ya publicado en otros tiempos. Y, por esa razón, existentes fuera de este libro, en función de evitar innecesarias aglutinaciones. Ellas dañarían la *congruencia* que solicita un pensamiento de esta índole, situado en el polo de una *coherencia* que no rechaza, aunque se mantiene alejado de su ilusión formalizante, que ceba, en su propio nido, las paradojas que desestabilizarán sus certezas.

Los textos aludidos en otro momento fueron parte de distintos envíos,[3] pues su juego agonal y conectivo va desde la lucha franca hasta la comunidad más insospechada. Habiendo comprendido en su justo tiempo que éste no era lugar para favorecer sus reiteraciones, aguardan uno más apropiado para ser editados conjuntamente. Sin embargo, ambos trabajos no dejan de reverberar a todo lo largo de lo que la tríada lanza para ser pensado, más allá de toda convicción previa al viaje mismo que emprende su escritura.

---

[3] *Devenires de la krítica*, Ediciones Multiplicidades, Montevideo, Uruguay, 1996; y *Jacques Derrida o el pensamiento de la alteridad*, Editorial Biblioteca Nueva, Madrid, España, 2002.

Ciertas y necesarias precauciones para abordar el pensamiento sutil

Sutil es el nombre de un pensamiento que indica su avance por los senderos menos previsibles. Aquéllos donde el pensamiento ejerce su máxima potencia realizativa. Por eso, si quisiéramos marcar una sinonimia —que por principio es imposible—, sería la que hace equivaler pensamiento sutil y pensamiento realizativo. Así, la *y* que los equipara autoriza las sustituciones que se dan entre uno y otro, los veloces relevos que constituyen la trama misma de los textos donde una buena y honesta disposición se sostiene.

Pensamiento sutil (que, desde ahora, es intercambiable por *realizativo* o viceversa) es el concepto de un intenso y desplegado acontecer. Se halla fuera de todo régimen adjetivo, sutileza, artificio o sentido común. Insiste sobre historias truncas que van desde Duns Scoto hasta Klossowski, pasando por la causalidad transversal y la geometría expresivo-proyectiva de Spinoza, un Marx sin clausuras, la potencia del verbo en Hegel, lo irrepresentable freudiano, las inmanentes planicies deleuzianas, la «nuance» de Nietzsche, la diferencia abismal en Heidegger o el monstruoso pensamiento derridiano. Todo ello entre infinitos otros.

Por eso estimo que para transitar un *pensamiento sutil*, sea cual fuere, es preciso —la precisión es sustancial— tomar, embebernos, con ciertas precauciones.

Cuando uno proviene de un pensamiento diferente, antagónico o disímil, es síntoma de una buena y honesta disposición intelectual no distorsionar el trabajo textual del autor, siempre nombre de un enigma antes que de un negocio tertuliano. Dejo de lado el «traicionar» sus intenciones, pues él mismo se encarga de hacerlo en cada trazo escritural.

Las nociones o conceptos que son especialmente puestos en cuestión en este ámbito (por ej. «causalidad», «analogía», «sujeto-objeto», «literalidad», «definición», «superación», «clasificación», «binarismo», «sentido común», «representación», «evidencia», etc., pues no se está pensando desde sus parámetros) no deben reintroducirse por la ventana para hacerles realizar funciones que son impropias. Tal operación es el efecto de una violencia simbólica que un proceso intelectual serio debería neutralizar, ya que anularla sobrepasaría sus capacidades.

Al desoír expresamente las voces que resuenan en tales pensamientos, tomando de manera aislada o anecdótica algunos de sus elementos, esas *formas de captura* (mediante la mención literal o la referencia, desconociendo la operación que en ese momento se está realizando) no pueden disfrazarse bajo la idea festiva de que se está ejerciendo una tarea crítica. Lo que en realidad se da es un ejercicio inútil y apresurado sobre el propio desconocimiento. Y ello nada tiene que ver con los errores de apreciación, enfoque, interpretación o con los límites del propio abordaje que, a menudo, son las claves mismas de su prolongado enriquecimiento.

Lo que denomino conceptualmente *pensamiento sutil* o *realizativo* requiere salir al encuentro de sus paradojas, de sus contra-opiniones. Cualquier permanencia a su costado, en sus gruesas evidencias o en sus rápidas captaciones, no sólo lo aleja, sino que lo deposita y condena a las más siniestras manipulaciones. Por eso pensar en *contra* de tal o cual (caro a los territorios profesionales y sus rivalidades), además de parasitario, es una empresa estéril, consignada a reiterar de manera aburrida el punto de vista previamente asumido.

No conozco un solo texto hecho *contra* un gran pensador (de manera explícita o no) que no haya fracasado, víctima de esa bullanguera superación imaginaria. Estoy evocando, sin mencionarlos aquí, algunos *dossiers* contra Marx, Hegel, Nietzsche, Freud, Heidegger, Foucault, Derrida, Deleuze, Borges..., sólo por señalar un listado indicativo. Y esto por la sencilla razón de que un pensamiento se apellida «grande» cuando excede de sí mismo hacia todo aquello que abre y no le pertenece. Si a un *pensamiento sutil* quisiera atribuírsele un ser, *sería* justamente lo que nunca podrá ser, o sea, completarse consigo mismo.

Por algunas de estas razones, fuera del «orden de las razones», un pensamiento realizativo se obliga a rechazar cualquier tipo de atribución o endoso. Formas banales de anular, excluyendo aquello que debe ser justificado. Demeritar lo que no se comparte es el mecanismo habitual de las calificaciones y atribuciones.

Sutil es, así, uno de los nombres de *lo otro*, de una radical diferencia. De ese modo es lo que escapa a toda «globalización». Desde este ángulo el presente amplificado, inédito, que caracteriza al espacio-tiempo cerrado de la «globalización», es considerado como un proceso de devastación. Ésta ocluye pensar la temporalidad misma como constituyente de la otreidad, de su *fue* y de su *será*. Y, con su huracán del *ya* y el *ahora* —exigencias patológicas—, arrasa con el sujeto que parece exaltar y la cotidianeidad a la que simula rendir culto.

Realizativo que, por ser tal, no puede sustraerse de la cadena donde adquiere sentido. Su complejidad, sus diversos orígenes y sus retos actuales, están sostenidos por una *ética en acto de la responsabilidad* —desarrollando la complejidad que posee ese acto— social y personal, antídoto de la sacrosanta impunidad. Una *estética* orientada por distintos modos de afección y recepción. Una *política* de transformaciones colectivas, más acá de los partidos políticos (reconociendo su importancia, pero sabiendo que siempre estarán *partidos*). Una *justicia* más allá del derecho, cuya justicia es ciega, sobre todo por lo que no puede ver. Y, finalmente, por una *verdad* que no es objeto de verificación ni concordancia formales, sino de una *congruencia operativa* con su producción social-histórica.

En fin, la no simplificación será la regla de juego de mis elucidaciones, siempre en escorzo, sujetas a constantes modificaciones. ¿Por qué *regla de juego*? Porque sabemos que existen juegos sin reglas. Y no ignoramos que se llaman «sacrificiales». No simplificación, marcas singulares, diferencias imperceptibles, resistencia creativa, grito *sutil*. No más «sacrificios» en pos de una hipoteca vital, de una existencia des-almada. Se trata de ejercer, en cambio, un juego complejo que ponga a girar la *vida* con sus *morires*. Y, así, en adelante.

Por principio, por grito y especimen, un pensamiento sutil no puede ser «superado» o «trasvasado» (como una época, un avance científico, tecnológico o una generación), pues queda sujeto a su propio régimen de consistencia. Y si posee un «más allá», nada tiene que ver con lo anterior, ni con el «olvido» de esos pensamientos, sino con abrirlos, leerlos de otro modo. Quizás como ellos leen nuestros textos sin que lo sepamos ciertamente. Así, de manera sutil e imperceptible.

Un pensamiento *realizativo* repudia toda acción plagiaria (no pasa lo mismo con la utilidad que puede tener la copia o el remedo en los inicios escriturales), forma bastarda del saqueo generalizado, que deja sin sostén aquello que es arrancado compulsivamente para «estar al día».

Una prolongación inevitable. No existe reclamo alguno desde una supuesta originalidad o una arrogante propiedad privada de las ideas. Estos son litigios banales.

Hay dos motivos cardinales.

Uno. El saqueo tiende a aniquilar el *trabajo* y su *producto*, negando ambos en un solo gesto de arrebato.

Otro. El saqueador, cómplice del sistema de expropiación vigente, apenas es atacado su *botín*, lo abandona. Como ignora su procedencia, los canales de investigación y los procesos de elaboración, lo condena a la orfandad y se vuelve agente de su silenciamiento.

Por otro lado, dicho pensamiento evita valorar sus producciones según un sistema de deudas o de investigaciones policiales sobre las fuentes, aunque de éstas recupere su uso crítico y productivo.

En primer lugar, porque un pensamiento que se denomine tal salda sus deudas en tanto escritura; caso contrario queda sujeto a sus vergonzosos ocultamientos.

En segundo término, porque las fuentes quedan esclavas de sus *emanaciones*, como si fueran el origen de lo que brota de ellas, y no sus conductos, como lo son en realidad.

Un pensamiento es burlado cuando se lo replica, pues la réplica parodia el *qué* constitutivo y olvida el *cómo* de su fuerza constituyente.

Venerar a un pensador es realizar *cómo* él se dejó pensar en un camino (ese *cómo* apareja tolerar otros que toman rumbos, con igual fuerza, desechados por él o que nunca le preocuparon) atravesado por infinitas bifurcaciones, y no calcar —de manera burda o ingeniosa— el *qué* de su literalidad.

La escritura es la verdadera biografía de un pensamiento; *bio* que es vivida en su *grafía* que siempre materializa, por más alto que sea su nivel conceptual, una posible historia de vida.

Proacto

Imágenes desde la máquina de escribir

En general el que escribe lo hace sin preámbulos, lo cual no afirma que los rodeos y circunloquios no puedan ser los tránsitos de la escritura misma. Solo se trata de un subrayado, de la imposibilidad que tiene un autor de pro-logarse, cosa completamente natural en otro que no sea él. Es decir, en un lector que toma la decisión —previamente arreglada— de introducirse en el texto y volcarla por escrito en pro de lo que ahí se *maquina*. Mientras que lo escrito es lo ya *maquinado*. Una serie de acoplamientos trabajados, una facticidad que tiene en la mira a un receptor potencial, quien posee sus propios repertorios de pros y contras, sus modos específicos de hacer vivir y morir un libro.

La interdicción, también ética, de autoprologarse es equivalente a la de autoanalizarse o autoconfesarse, a la manera de un protestantismo tan de moda. Sin embargo, y por esa imposibilidad habilitante, al autor le queda despejado un camino donde no hay nada que aclarar, excusar o justificar. También la prerrogativa de señalar lo que se capta mal, tendenciosamente o metido con fórceps en el código del receptor. Si aquellos procesos no surgen de lo escrito, quedarán en estado de impensado, precisamente porque se piensan (sus opuestos serán «lo que no se pensó, no se pudo pensar, etc.»), o sumergidos en sus desfiladeros.

Por eso la operación lector —haya o no en el límite quién lea— es inescindible del acto escritural y de su carácter público, o sea, de lo publicado en un ámbito cultural mediante un quehacer editorial. De ahí que la desautorización para concretar mi prólogo sea la autorización para relatar someramente mi *proacto*, lo que impulsa a *La cuestión de la causalidad*; texto que recompone un concepto (que después generará su propia modificación) a través de la descomposición que opera una determinada letra.

Los despliegues y los días

Los días de un texto, podría afirmarlo de todos los que escribí y los que están en trámite, transcurren sin horas. Veinticuatro horas pueden no ser nada. Un minuto casi todo. Y un segundo (el del relámpago) el todo que los abarca. Sin embargo, al ir marcando esta reducción no he podido esquivar su notación en términos de magnitudes, aunque, en realidad, desaparezcan en la inversión —más que es menos y viceversa— que las pulveriza como tales.

Se trata de una pequeña e insuficiente marca temporal de las acciones, sensaciones, lugares y conexiones que marcan el devenir y la factura de los textos, una amalgama que ha seguido los rumbos más singulares. De ella fue surgiendo *La cuestión de la causalidad* y sus tres partes, que, en realidad, no están en «ninguna parte», no son localizables como un paraguas extraviado o un avión que perdió su rumbo.

Yendo por apartes y apartados pienso que, en este preciso instante, *La cuestión de la causalidad* se plantea, de modo similar a otros textos escritos con anterioridad, como un *ensayo*. Enseguida surge o debería surgir (sólo como guía de mis propios trabajos) la pregunta acerca de qué es un ensayo. Y también su acompañante silencioso, ¿es una buena pregunta? La respuesta, casi inmediata, indica que no, ya que la forma de este interrogante le cabe tanto a un barco como a una mesa.

Quizás sea más conveniente empezar por lo que *no* es un ensayo.

No es un *tratado*, jamás se trata, bajo ningún aspecto, lo que en él se desarrolla y especifica.

No es un *texto doctrinario*, pues si una doctrina ensaya alguna cosa es la transmisión y permanencia de sí misma.

No es un *artículo periodístico*, ya que en él incide la necesidad, a menudo perentoria, de volcar hechos cotidianos bajo el encargo y control del medio contratante. Tampoco un *artículo* a secas, donde siempre se pretende *articular* lo que se considera des-articulado.

No es un *estudio*, porque éste ha quedado atrás en lo ya estudiado, bien o mal elaborado en un régimen de afecciones específico, asociado o disociado por acciones eventuales, aceptado o rechazado por los intereses en juego y demás participaciones, de las que ignoramos si las mueve deseo alguno.

Finalmente, no es un *comentario*, a la manera deportiva o política; comentario que esconde, habitualmente, el anhelo generalizador de convertirse en opinión pública para fijar unos cuantos «sentidos» por los cuales circular.

Por otra parte, es casi una contradicción en los términos hablar de *ensayo temático*. Además de que ambos términos se repelen, el *tema*, en nuestra cultura, remite obligatoriamente a una unidad prefigurada, mientras el *ensayo* está empeñado en abrirla a la multiplicidad que la habita, rasgando las convicciones que la desertifican.

Transitando por caminos secundarios, constatamos que a un ensayo no le caben los apelativos métrico-espaciales: amplio, estrecho, largo, corto. Ahí está para probarlo el de Pascal, *Ensayo sobre las cónicas*, que tiene una sola hoja; mientras que *El ensayo como forma* de Adorno posee una treintena de páginas, y los *Ensayos* de Montaigne o los *Ensayos sobre moral, economía y política* de Bacon (acompañante inaugural del que usó el término por primera vez) poseen cientos de páginas.

Decía el sobrio Montaigne que sondeaba «el vado desde lejos», tomando sin prevención los asuntos que se le presentaban, y que jamás pretendía «[...] tratarlos por entero. Pues de nada puedo ver el todo [...]. Penetro en ellos, no con amplitud sino con la mayor profundidad que puedo [...]. Suelo rendirme a la duda o a la incertidumbre o a mi estado original que es la ignorancia». Lúcido punto de partida para *ensayarlo* en la actualidad.

Entonces, ¿en qué *podría* —ya dejamos el *es*— convertirse un ensayo?

Quizás, en un viaje de descubrimiento realizado sobre un camino escritural, sea alfabético, pictórico o musical. Dicho camino no preexiste al acto de su trazado, de su escritura misma. Está lleno de señales claras y equívocas, de cursos metódicos atentos a las derivas que salen al paso, de necesarios desvíos y riesgosos despistes, de llanuras que posibilitan aceleraciones libres y montículos rugosos que retardan la marcha, de ocurrencias logradas e improvisaciones con ritmo propio.

En una palabra, un ensayo *podría* transformarse en el ejercicio paradójico de una libertad esclava de sí misma. Autonomía ética, estética y política, pero, sintónicamente, dependencia presente de los antiguos intentos y concreciones inaugurales, con las que está más ligado cuanto menos lo sabe.

Lanzadas estas puntualizaciones, incursionemos en la composición de *La cuestión de la causalidad. La causalidad en cuestión.*

Futura antigüedad

El *oxímoron* abre el tiempo a su simultaneidad, mientras lo desmiente como pura sucesión o guarida donde un fin último vive al acecho. En él, una cierta antigüedad suscribe el testimonio de que avanza desde el futuro, sabiendo que su por-venir requiere una lectura que lo produzca a su manera.

Partenaire del siguiente ítem, ha sido trabajada lentamente (aunque su trazo pueda simular el salto con vallas) utilizando exigüos recursos personales —la *economía* también es libidinal—, conectado a una mesa de trabajo, dejando sedimentar cada lectura, hilvanando cuentas por mi cuenta, discriminando materiales fatigados, traduciendo y haciendo traducir algunos escritos originales o permaneciendo demorado en aletargadas bibliotecas de diversos lugares, algunos cercanos, otros extranjeros. Estimulado a desvelar, paralelamente, ciertas conclusiones que los textos arropaban en la «causa oculta» que nada encubría, salvo el acicate para seguir investigando. Fue un surco abierto a pleno sol, hecho entre gotas de sudor e intención de luz.

Intensificaciones

Parejo al anterior, atento a la singularidad de cada intervalo y, en ciertos aspectos, a la energía y composición que la «razón» moderna heredó *razonablemente* de la «locura» griega.

Ensambles

Carece de la vocación, invocación e insistencias previas, a pesar de no haber podido sortear los inevitables cruces y obligaciones que requiere introducir elaboraciones, tiempos y nominaciones diferentes.

El placer de su composición es alegre y versátil, cambia de modo con el lugar en que se nutre, porque modaliza al lugar de otra manera. No hay «espacio», pues las coordenadas abstractas que permiten trazarlo se convierten en agentes de su dislocamiento. Y ya no priva el afán diurno de la búsqueda inicial, sino el gozo anochecido de un incierto encuentro. Entonces se impone andar, tomar notas en papeles sueltos, liberados a propósito, donde ninguna palabra queda agarrada definitivamente.

Todo es provisorio, pero esa provisoriedad es su más singularizada garantía metódica. Y es lo más distante del atolondramiento u ocurrencia ocasionales, productos de un sujeto ingenuo que cree que «todo vale», justamente cuando «todo lo que vale» funciona en ciertos regímenes específicos. Esos regímenes son órdenes no conocidos que irrumpen de manera inesperada y de una sola vez. De ahí la necesidad de cazarlos en fugaces notas que son reservas para una escritura posterior.

Pero el apunte veloz es, a su vez, el exquisito resultado de una espera, que puede ser medida como larga o corta, siempre tensa, cuando no enervante. Para eso urge dejarla acontecer en el sosiego de una plaza, en el frenesí de una ocupación, en la mirada de ese conocido que se afeita frente a uno a la altura del espejo, durante una ligera ingesta o en la visión de ese algo de verdad depositado en el poso de una taza de café. Y también en la imperiosa necesidad de circular por rumbos exteriores, de leer caminando, habitar los lugares públicos, de aventar los excesos de las reclusiones íntimas.

Mientras tanto voy rememorando o recolectando «enunciados de creencias» —lejanos de los meros clichés— que florecen a pasos agigantados, en el habla cotidiana o en ese ser de las conversaciones actuales donde el lenguaje es una noticia poco creíble, aun para quien lo emplea con el mayor énfasis.

Un señalamiento de caminante. Las notas abundan en todos mis escritos. Son pequeñas, extensas, todavía más, meros subrayados, etc. Algunas son largos circunloquios, bajo el sopor de necesarias especificaciones, para deslizar una conclusión imprevista. Otras actúan como contrapuntos, entrañan reflexiones acotadas, brindan informaciones que juzgo ineludibles, dibujan perspectivas diversas, marcan sobrentendidos que generalmente son malentendidos o dilucidaciones que estimo imprescindibles. Una función similar tienen los *apéndices*, que esperan como bases de una probable consulta.

Así se va escribiendo a *pie* y *agregados*, en pie de igualdad, una especie de libro (quizás de un orden muy subordinado) subterráneo que pugna sin propónerselo con la supremacía del texto central.

Ejercicio de ausencia

Abruptamente me estaciono en una cafetería que no alcanzó a ser *confitería*, es decir, el leve ornato de sus parroquianos. Y es imposible dejar de sentir un toque de orfandad, de extranjería en el propio barrio. Pero, como en mí quedan restos de profesor universitario, alzo un pequeño muro con unos pocos libros de consulta que, seguramente, abandonaré sin mirar en pos de otros ausentes, entre el griterío de una tribuna dominguera y el don de una mujer, adivinado en el de otras, en su paso por la calle.

Y poco a poco se va deslizando un estado de brumosa vigilia, de estricta concentración y olvido. El entorno se vuelve prescindible y una frase, referencia bibliográfica insospechada, línea exploratoria a seguir, elemento posible de un montaje escritural, todo lo que ciertamente estuvo en filigrana, en un tiempo desteñido, irrumpe bruscamente con una fuerza que amasija la virulencia de las afecciones con la exactitud conceptual más extrema. Y en esa amalgama la de(*s*)terminación puede ser captada en singular —extraño a un plural dividido— en su singularidad y capacidad propositiva, como un devenir afirmativo.

En suma, el hilado casi imperceptible, común a todos los textos, es una sencilla afección y la corroboración de que las operaciones *kriticas* (de *krisis*, análisis y del olvidado *krinein*, decisión — y aquí finca el desacuerdo con la *différance-deconstrucción* de Derrida) son unos de los tantos desaparecidos en nuestros días. Con la consecuente impresión de que la censura y las formas represivas se han redistribuido y expandido de manera tan eficaz como silenciosa.

Lo antecedente es confirmado por la sostenida encuesta informal que realicé con los parroquianos de la cafetería que visitaba ocasionalmente y los múltiples intercambios cotidianos con gente de paso, quedada y oída. «Mejor callarse la boca» (recomendación esparcida por variadas maquinarias represivas), «sólo me interesa tener calidad de vida» (frase inventada por el mercado inmobiliario), «¿no estaremos introduciendo conceptos *fuertes, sustan-*

ciales (?), al realizar una actividad crítica?», «¿acaso no se repone, al criticar, el autoritarismo y el fundamentalismo que se dice repudiar?» (caballitos de batalla de la posmodernidad), y demás flores marchitadas por los acontecimientos.

Las consignas —afirmativas o retóricas— muestran lo que se ha cedido *al* estado jibarizado, más allá de las formas de gobierno, *en* el estado de ánimo personal a costa de la promesa, constantemente incumplida, de mayor estabilidad, seguridad y futuros «satisfactores».

Es ahora cuando toda esa pesada comida *light*, por lo indiferente, me solicita una digestiva elucidación crítica, por lo deferente. De ese modo se va colando en mí un intenso afecto, que sería algo así como el colofón del colofón de *La cuestión de la causalidad*, es decir, un fuerte llamado a sacudir el injusto letargo de las cosas.

A manera de un breve inacabamiento, podríamos decir que los días del libro mismo no son ni más ni menos que el día sin horas, instantes, momentos, en que su potencia específica —en este caso ninguna otra— pudo desplegarse.

quartier Tolbiac, invierno de 2008

FUTURA ANTIGÜEDAD

Primer paso
LAS CONSTANTES:
mezclas, modificaciones e intuiciones

Los griegos eran excéntricos. Cualquier remisión a un núcleo unificado o a una pluralidad que necesariamente procediese de un centro unificador era ajena a los parámetros de su pensamiento. Si tomamos conceptos fuertes, p. ej. en Aristóteles, como los de *causa, principio* u *origen*, veremos cómo siempre son elaborados a través de estrategias discursivas, tramadas en distintos planos, sin agotarse en ellos. De tal modo que su remisión y polisignificación apunta a la determinación abierta de un concepto, antes que a un objeto del mundo o a un estado de cosas específico. Esto sólo le cupo al discurso médico, que clausuró sus exigencias de cientificidad en la imposición de un juramento (hipocrático) perdurable.

Los estoicos, al signar a los *cuerpos* (las causas, el alma, las ideas, etc.) como mezclas y a los *incorporales* (lo expresable, el vacío, el tiempo y el espacio) como acontecimientos que no obran ni padecen como les ocurre a los cuerpos, evitaron caer en las alturas. De ello se encargó el cristianismo in-corporándo la materia pecaminosa que los componía, para redimirlos en un espacio etéreo y trascendente.

Explorar los textos de un pensamiento inaugural que sólo se ciñe a la operación de lectura, la temporalidad que la guía y el campo enunciativo donde juega, exige mantener una alerta máxima respecto de los endosos y proyecciones retroactivas de nuestros modos de pensar, así como de otros que han impuesto una ciega manera de tratarlos, es decir, de ignorarlos durante su abordaje.

El camino de la *docta ignorancia* es largo, continuo y sinuoso. Confundirlo con uno de sus tramos dispara, automáticamente, un ejercicio de violencia para adaptarlo a nuestro ritmo y a la necesidad de construir máscaras para hacerlo soportable. Unas cuántas de ellas son las nociones de tema, línea o eje temático, clasificación, niveles, objetos de estudio, enumeración, tipología, designaciones unilaterales o cualquier permanencia que remitiera a una unidad generadora. Amaban las mezclas, transformaciones y modificaciones, aunque ellas siguieran un curso provisto de cierto orden (*logos*), sin embargo el *caos creador* (no el *desintegrador*, antagónico del primero, de orden mítico) y el *azar* no escapaban de sus destellos.

Retornando al clima anterior, podríamos trazar un ejemplo de mínima variación y máxima diferencia. Las sombras del *théma* griego y del *thema* latino (cuestión de acento) parecen deslizar una sinonimia en el *tema* castellano, y en el de las lenguas romances. Nada más ilusorio.

Las salidas, alejamientos, dispersiones, etc. eran requisitos del *théma* griego, condición necesaria para que un diálogo fuera tal y un banquete impulsara la celebración de la palabra; sea en la conversación dilucidatoria, seductora y regulada por roces ceremoniales; sea en el embeleso de un poema. La misma forma de beber (en el *symposio* griego no se comía) respondía a la pausa y escansión (p. ej. el verso espondeo) que la palabra dicha en comunidad solicitaba para ser escuchada y valorada en esa re-unión donde el *théma* ponía el asunto sobre la mesa con el fin de disolver el sentido único. De manera que «irse del *théma*» era la regla de intercambio para permanecer en él. Una modalidad que favorecía la alegría entre los interlocutores, un saber de qué y con quiénes se estaba hablando y no el temor de «estar fuera de tema», alejado de lo que da sentido a una alocución verdadera. Pero, no hay por qué molestarse, no *tema*-mos, la tiranía del tema reside en su propia composición.

Esa irradiación que habita al *théma* griego y queda reducida en el *thema* latino hasta desaparecer en el *tema* y la *temática*, familiar en diversas lenguas actuales, era la materialidad de un pensamiento abierto desde los mismos desafíos que postulaba.

Un ejemplo es lo que incluía, para los Estoicos, lo que hoy denominamos física. Abarcaba todo el estudio del mundo, al que Crisipo caracterizaba como sistema del cielo, de la tierra y de lo natural que en ella se encuentra y, asimismo, como sistema de los dioses y los hombres. El testimonio de ese conjunto, o mejor dicho conjunción (término más adecuado a la causalidad estoica), lo ofrece Diógenes Laercio —*Vida y opiniones de los filósofos*— cuando señala el encabalgamiento, mezcla pertinente y orden que orientaba a la física estoica, pensada desde esa fuerza cohesiva (*pneuma*) que ligaba todo lo existente.

Una rápida sucesión de ese ordenamiento superpuesto menciona los principios; el cuerpo; la identidad de Dios, del espíritu, la providencia y Zeus; la unidad del mundo, los incorporales, la naturaleza del mundo, su generación y corrupción; el mundo como ser viviente; los astros, la luna, los eclipses; la naturaleza de Dios, la teología alegórica, el destino, la providencia y la adivinación; la materia, la sustancia y el cuerpo; la mezcla; los demonios y los héroes; los fenómenos atmosféricos y terrestres; la división del cielo; el fuego artista o la naturaleza misma y el pneuma igneo; los sentidos, la semilla-semen, las ocho partes del alma, la parte hegemónica del alma... Esta conjunción, en la que introduje algunos leves cambios y agregados, evidencia la falta de tabicación que regía el vasto campo de la física estoica. En ella convivían, encimados y conectados, el conocimiento de la naturaleza, el ámbito de la teología, la ética y el saber acerca del hombre. Los estoicos no se negaban a indagar ningún vínculo, pues suponían la ligazón entre el estudio del mundo y el de los dioses tan especiales que invocaban como la base imprescindible del aprender a pensar en continuidad. Aunque reservando el análisis y la discriminación sólo como un *modus operativus* del entendimiento y de las necesidades expositivas.

Dicha modalidad, los supuestos, formulaciones y creaciones del pensamiento estoico, son los que fincan en Bergson, profundo conocedor de la física estoica, enlazada y diferenciada de la que sostenían Epicuro y Lucrecio. Como el siglo XIX nombra a un heredero auténtico, que jamás cobra la herencia sino que la pone a trabajar, es quizás la aventura más singular que testimonia el avance del pasado desde un futuro que no anuncia el estado terminal de aquel pasado ni de este presente, por el contrario, es un resistente *futurible* cuya única posibilidad es la de ser creado a cada instante.

Una ilustración vecina de la anterior nos la ofrece el título de los textos griegos que se ocupan de distintas problemáticas. El nombre único de un libro era prácticamente inexistente. Las referencias de los mismos autores a sus escritos eran en extremo cambiantes, como si el *théma* estuviera atento a las variaciones circunstanciales. Ningún encabezado podía captar, capturar o sintetizar el rumbo y los senderos que el escrito iba trazando durante la marcha. La fijación de un sentido, y por lo tanto de un título específico y preciso —exigencia de los certámenes— correspondía a las tragedias, mal llamadas griegas, ya que todas ellas sin excepción eran atenienses.

El ejemplo sobresaliente de lo que vengo subrayando es el libro de Aristóteles, donde éste da preeminencia a la causa final. Se trata de *Historia de los animales*,[4] que es el resultado de múltiples

---

[4] *Historia de los animales* es el título con que bautizó los distintos escritos de Aristóteles sobre el particular Andrónico de Rodas, compilador y ordenador de sus obras. Bajo ese nombre (*Historia Animalium*) reunió textos que abonaban el conocimiento empírico, la indagación sobre el terreno, las observaciones precisas sobre los animales —incluido el hombre—, sus formaciones, costumbres, modalidades, etc., pero que el Estagirita había llamado de diferentes maneras. Seguramente más acertadas, en la medida que respondían, con su aparente desorden, al curso de sus investigaciones y a su proceso de pensamiento. Así, en dicha *Historia* se conjuntan *Partes de los animales*, *Marcha de los animales*, *Movimiento de los animales* y *Reproducción* (generación) *de los animales*.

Lo anterior no pretende restar ningún mérito a la conspicua tarea del compilador (el mismo que denominó *Metafísica* a diversos manuscritos de Aristóteles). Sin embargo, más allá de las conveniencias editoriales, lo que vengo resaltando desde el comienzo de este libro —y otros previos— es la violencia simbólica que se produce cuando se aglomera, cohesiona o todo lo contrario, aquello que requiere su procesamiento específico, seguirlo en sus breñas y ritmos propios, para transitar por los caminos de un pensamiento afín o distante sinfín.

menciones. Quizás, adecuadas, cada una de ellas, a las remisiones que se estaban dando en ese momento; quizás, porque el autor manejaba con total soltura las referencias, tomando las palabras iniciales del texto o sus transformaciones expresivas. Quizás... porque la cultura griega incitaba serenamente a ello.

El abanico nominativo impulsa a respirar el frescor de la primavera griega en una lectura que jamás puede ser definitiva, pues su imposibilidad dormita en la misma noción de *principio*, que no principia más que en sí mismo como acto fundante. Pero ello no excluye —como veremos— que haya lecturas ciegas, meramente reproductivas, adormiladas, facilistas y equivocadas (hay una gran tradición al respecto) que clausuran por anticipado *qué* y *cómo* se debe entender una cuestión.

La transmisión y sus obstinaciones, con el tiempo, se encargarán de vaciar la temporalidad que la atravesaba, quitarle sus ligazones, y otorgarle una naturaleza que la ostenta como un hecho *naturalizado*. A partir de aquí surge la orden incuestionable: nada que agregar. Entonces, veamos la insu-

---

Para terminar, una salvedad y un reconocimiento —nobleza obliga—. Mi referencia se dirige a los libros de (mala) difusión y sus desprolijidades, porque una relevante editorial en castellano ha editado cuidadosamente por separado cada uno de los libros mencionados.

ficiencia del mandato anotando algunos olvidos y omisiones.

En los griegos clásicos, al igual que en los presocráticos, que acostumbramos a leer o mencionar de pasada durante nuestra formación escolar, cultural, mediática, etc., la causalidad y las causas no son objeto de una indagación cerrada ni de una preocupación constante, como en la modernidad.

Ellas, por el contrario, se entregan sin gran esfuerzo —notorio, todavía, en un pensador moderno como Descartes— a una captación inmediata en la dimensión de una evidencia intuitiva. Inmediatez e intuición son formas esenciales que circulan en los textos e interlocuciones cotidianas sobre el asunto en dichos pensadores, que son una firme referencia de la cultura occidental. Tanto en los diálogos de Platón (*Las leyes*, *Timeo*, etc.) como en los libros de Aristóteles (*Metafísica*, *Física* y otros) es constatable este uso habitual, sin precintos, confiado enteramente a la percepción y a la memoria.

¿Cuál era la pregunta básica que atravesaba la problemática de la causalidad en los clásicos?

La respuesta es clara, compleja y relativa a la cuestión *por qué*. Insistiremos en ella durante esta *Primera parte*. Se trata de *por qué* las cosas son bellas, «las cosas son bellas a causa de la presencia de lo bello» o *por qué* conocemos las causas de cada cosa «por qué cada una viene a la existencia, por qué ella desaparece y por qué ella es» (*Fedón*). Resulta obvio que la causa, las causas (que no pueden extraerse ni seleccionarse a gusto del haz de la causalidad) y sus diversos planos e incidencias, son la respuesta a la pregunta *por qué* algo se da de tal o cual manera, sea bajo una forma constante, una modalidad contingente o mediante su peculiar entramado.

Por otro lado aquellos lejanos precedentes jamás indagaron la relación causa-efecto, sea el efecto como producto de una causa, de varias o al revés. Dicha relación ni siquiera está planteada, y ello por razones atendibles: los griegos clásicos (Crísipo, Hipócrates, Platón, Aristóteles, etc.) desconocían el *principio de inercia*. Tenían en cuenta el impulso en la caída de un móvil, pero carecían de leyes para valorar la magnitud del movimiento. El motivo central es que no poseían instrumentos para medir el tiempo. Aquellos hubieran permitido estudiar de manera específica las distintas velocidades a que iba cayendo un objeto.

Por ejemplo, para Crísipo y sus contemporáneos, un movimiento estaba determinado por la forma de una trayectoria y no por su velocidad, la cual no podía ser considerada en las teorías físicas, pues no era mensurable. Desconocían las leyes del movimiento en caída libre. Por eso les resultaba imposible teorizar científicamente un movimiento de caída sobre un plano inclinado. La cinemática estaba alejada de sus posibilidades.

Sin embargo, después lo enfatizaré, ello no deja de tener atrayentes resonancias éticas, lo cual cimentaba el desapego a pensar en la relación mencionada.

Es en el siglo XVII donde la causalidad queda incluida, epistemológicamente, en la *idea de relación* y es investigada, en ese medio, por el médico-filósofo John Locke. La modernidad, sobre todo la cartesiana, la daba por supuesta, junto con sus problemas pero sin otorgarle un estatuto epistémico. En su *Ensayo sobre el entendimiento humano*, Locke determina que la idea mencionada «está en nuestra mente como un solo cuadro», más allá de que sea un agregado de partes distintas, se nos presenta «bajo un solo nombre, una sola cosa o idea positiva o absoluta». Así la relación se torna un asunto del «entendimiento». Lo que escapa a sus dominios ya no podrá ser nombrado rápidamente por ella, salvo en los usos coloquiales.

Otro aspecto nodal no mencionado es que los pensadores clásicos no poseían una palabra que nombrara al efecto, sino que este era designado, sin excepción, por la perífrasis «aquello donde hay causa». El término *efecto* surge recién en el siglo I antes

de nuestra era.[5] Si a los griegos, soberbios dialoga-
dores, les faltaba esa voz, es seguro que no estaban
pensando en la relación causa-efecto, ni en efecto
alguno. En caso de haberse detenido en el *théma*
hubiera surgido la palabra o juego de palabras correspondiente, como lo muestran las imaginativas
y ocurrentes genealogías del *Crátilo* de Platón o las
de la *Física* de Aristóteles.[6]

El sereno arrebato de los clásicos genera altera-
raciones, profundos dislocamientos conceptuales y
temporales que rehuyen ubicarlos en algunas de las
cronologías disponibles. Éstas impulsarían, apenas,
una fantasía que se ha convertido en creencia, se-

---

[5] Un agregado. Si los estoicos, p. ej., hubieran poseído
el término (*apotelegmatos*) que nombra al *efecto*, se habrían
encontrado con un problema insoluble. El *nombre*, en cuanto
sustantivo, es un cuerpo, mientras que la perífrasis «aquello
donde hay causa» es un incorporal, siempre regido por el
verbo.

[6] En el *Crátilo* son abundantes y en la Física más esca-
sas. Un ejemplo pertinente para nuestro asunto es la derivación que Aristóteles lanza en la *Física* cuando habla del
automaton (azar) que «se da según la denominación, cuando un evento se da él mismo [*auto*] porque sí [*maten*], [...]»
La genealogía es incierta, y otras serían igualmente válidas.
Pero lo importante no es esto, sino marcar que, en el lenguaje, los griegos hacían brotar (*physis*) incesantemente a la
realidad natural, polifónica y diversa, imposible de ser na-
turalizada. Ello será un puro «efecto» de la escolástica y la
modernidad.

gún la cual un pensamiento puede ser superado por otro o quedar obsoleto porque su «época» ha sido condenada al desecho. La factura a esta imputación ilusoria hace rato que fue cobrada por la perturbadora economía y su ambicioso espectro. Por sus conductos se limitó la idea de *superación* (y la de *progreso* como soporte) a la ciencia, la tecnología, los bienes y servicios, etc. Así dejó sin empleo al pensamiento, gerenciando sólo las iniciativas rentables, dejando huérfana la empresa misma de la filosofía, en función de múltiples *filosofías de empresa*.

Sin embargo, aquellos insuperables, sus capacidades inventivas, el amor por las paradojas, la concepción de la naturaleza (*physis*) como emergencia incesante procesada en el lenguaje y en lo extradiscursivo, marcan la proveniencia de sus pensamientos desde el futuro hacia la pertinencia del pasado, abierto por el cúmulo de resignificaciones presentes.

Segundo paso
CAUSAS A LA CARTA
Notas personales, repensando la causalidad
en Aristóteles y más allá

I. El enfoque de la causalidad en Aristóteles se ha realizado bajo la óptica de lo que M. Grabman llamó escolástica «decadente» (siglos XIV y XV). Nosotros, con cierto orgullo e ignorancia, no hemos dudado en nombrarnos herederos en el silencio de un aprendizaje indoctrinado durante siglos. Tal decadencia encajaba perfectamente con nuestras urgencias digestivas, comidas rápidas de más que dudosa alimentación. Dicha escolástica estaba centrada en asuntos particulares, ínfimos, repleta de análisis unilaterales y totalmente desprovista de matices. Vivía obsesionada por cuestiones lógico-semánticas, así como por divisiones y subdivisiones de conceptos. Lo que desde sus operaciones fue establecido perduró de manera indiscutible, salvo algunas puntuaciones que prometieron hacer desarrollos más extensos «algún día»; día —como apostrofaba el poeta— que se parecía a la palabra *nunca*.

Así nuestros manuales didácticos, diccionarios especializados, textos de filosofía, diletantes y eximios pensadores absorbieron una tradición que liquidaba la cuestión en los mismos términos —se afirmaba— en que había sido planteada. Ninguna nube, al decir de Carlos Fuentes, empañaba la región más transparente. Las causas en Aristóteles eran cuatro, como él especificó, ni una más, ni una menos. *Material*, p. ej. de la que está hecha una mesa; *eficiente*, su realizador, carpintero o herrero

o, mejor dicho, el ejecutor y su proceso de trabajo; *formal,* su forma en cuanto «idea o paradigma»
concretado, y *final* o propósito para el que fue cons-
truida: comer, jugar u otras actividades insospecha-
das.

Por otro lado las cuatro magníficas fueron tras-
mitidas bajo dos requisitos ineludibles: estar ubica-
das en un campo de visibilidad que no escapara a
la vigilancia de la percepción ni a la reclusión de
las clasificaciones. Aunque lo que se prohibía por
un lado se posibilitaba por otro, es decir, era lícito
escoger una, dos o tres causas de acuerdo con la
necesidades del usuario, desmembrando el principio de causalidad[7] —no las causas enumeradas— a
que tendía el Estagirita.

Para los estoicos, epicúreos, Aristóteles, etc., las
causas eran cuerpos o «cosas» desde donde se generaba lo que testimoniaba su afectación. Ligada
a su guardián —la percepción— emergía la constitución de la *experiencia,* reducida, según los divulgadores, a la experiencia carcelaria de la percepción. Así, llanamente, se transmitió dicha noción.
Sin embargo, sea en *Acerca del alma, Pequeños tra-*

---

[7] Tanto las causas como los principios se dicen de muchas maneras —como estipula el libro V (Delta) de la *Me-*
tafísica—: «Las causas tienen tantas acepciones como los
principios, pues todas las causas son principios. El rasgo común de todos los principios es el hecho de ser lo primero
desde donde algo es, se produce o se conoce».

tados de historia natural (*Parva naturalia*) o en la misma *Física*, la experiencia es imposible si no va acompañada de memoria. Más específicamente, de la *phantasía*,[8] cuya función era mantener la huella mnémica dejada por la percepción de la cosa.

Bajo el manto de participación decadente, instalada desde hacía varios siglos, la enunciación de la causalidad —y su carácter problemático— fue listada, inventariada, numerada, clasificada, objeto de selección, tipologizada, o sea: sometida a un simple criterio descriptivo.

Entonces, siguiendo esa línea, se pudo afirmar que Aristóteles no efectuaba una disociación causal, como los estoicos (lo cuál es cierto, pero no se decía que realizaba complejas operaciones causales), sino que sólo «distinguía tipos de causalidad». Otro, indubitable, sancionaba que las causas «eran tres, no cuatro». Y uno más rubricaba que «la única causa para el psicoanálisis es la causa material», bajo la figura de la incidencia significante, sin registrar que, de ese modo, se partía de un esquema mecanicista.

No debemos ir muy lejos para encontrar una crítica demoledora de la división causal. Es el mismo Aristóteles quién la ejerce en un texto imprescindible para el asunto tratado —*Segundos analí-*

---

[8] En adelante usaremos el término como sinónimo de representación, aún sabiendo de su mutua ajenidad.

ticos[9]—. Allí diseña una lógica de la demostración y esboza una de la interrogación, que tiene un fiel acompañante en los *Primeros analíticos*.

El procedimiento taxonómico cae en el foso de las certidumbres anticipadas, lo que, lógicamente, se llama suposición: «El método de división [...] lo que genera es únicamente una nueva suposición. Nada importa por lo demás que se trate de un gran número de divisiones o sólo de algunas divisiones; el resultado es siempre el mismo».[10] Es decir, una recursión al infinito de confortables suposiciones transmitidas como verdades operatorias.

II. Las causas y el principio de causalidad se formularon para responder a la cuestión: *por qué*,[11] que abarca desde el origen de la vida y la raíz del conocimiento hasta una cierta curiosidad perversa. Las estipuladas son cuatro.

Ahora bien, ¿por qué cuatro causas y no dos,

---

[9] En otro momento pondré de relieve que sin ésta y demás obras la causalidad, en Aristóteles, queda a la deriva.

[10] *Segundos analíticos*

[11] Que aglutina el antiguo «porqué». Tanto el libro I de la *Metafísica* como el II de la Física, arrancan con la misma perspectiva: saber es conocer el *porqué* de las cosas. Esto recusa que se puedan tomar las causas de manera separada, como al enfocárselas de manera puramente instrumental. Los intentos de determinación siempre tienden a lo que «hace que una cosa sea» y no a su ocasional manipulación.

seis, noventa o infinitas? Si se trata de enumerar no veo *por qué* deberíamos medirnos, pues el porqué es inconmensurable. Y más si la exposición aristotélica de las causas es tan reductiva como amplia. El vaivén, las ambigüedades y los giros discursivos son sus signos.

Antes me preguntaba: por qué cuatro causas y no dos, seis, etc. También decía que la exposición de las mismas oscila entre modalidades reductivas, conjugadas, abiertas y extensas variaciones.

Reproduzcamos algunas observaciones con sus palabras, que resonarán en diferentes textos. Dice en la *Física*: «Puesto que las causas son cuatro, es propio del estudioso [...] referir a cada una el «porqué», que de manera natural le corresponde, es reducir a todas estas cuatro causas: a la materia, a la forma, a lo que inicia el proceso y a su finalidad».

El conjunto causal queda perfectamente delineado. Sus componentes: la material, la formal, la eficiente y la final.[12] La operación reductiva ha dado su resultado y éste parece indubitable. Pero enseguida se certifica, «las tres últimas confluyen en *una* sola, la esencia, eficiencia y finalidad son una sola y la primera fuente del cambio».

El párrafo desencadena varias reflexiones. En

---

[12] Hago un señalamiento al pasar. Las causas y sus modos de vinculación revelan que no existe homogeneidad entre las mismas. Son desiguales en rango e importancia.

principio marca que no pueden abordarse independientemente unas de otras. La misma reducción desautoriza una elección arbitraria. En segundo término estamos ante tres (formal, eficiente y final) que son «una» que no es cualquiera, sino «la primera fuente del cambio». Esto, a su vez, genera dos grupos de causas, la material por un lado y todas las demás por otro; lo cual hace pensar que hay dos causas fundamentales. De ahí mis interrogantes, que continúan. En otra parte del escrito afirma «en realidad las causas son seis», claro que las cuatro, que son tres y una y dos diferenciadas, son de carácter necesario, mientras que las agregadas son accidentales. Sin embargo lo «accidental» debe ser tenido en cuenta de forma permanente por el estudioso de la naturaleza, es necesario para el *porqué* (aunque no dependa de él) de su explicación.

El seis emerge nuevamente en su *Metafísica* (libro V) al repetir lo olvidado sobre la problemática causal: su entramado. Caso contrario se hablará de inciertas vaguedades atribuidas a lo qué un autor dijo y no al cómo lo hiló. Y, a propósito, crece el énfasis, cuando dice: «Aún más: las causas accidentales y las propiamente dichas pueden estar entretejidas, por ejemplo, no "Policleto" ni "escultor", sino "el escultor Policleto"».

Un pequeño alto. ¿Qué remarca de manera obvia el ejemplo? El modo conjuntivo en que la causalidad puede decirse. No «Policleto es causa» o «el escultor es causa», sino «Policleto el escultor es causa». La forma compositiva es un nudo sin centro ni unificación posible. Cuando el discurso en Aristóteles parece cerrarse («se reducen a...») una apertura simultánea está en camino. Así concluye: «Entonces, todas estas causas son en total seis, empleándose cada una en dos sentidos». O, también, como estampa en su *Física*, en verdad «hay una cantidad infinita de causas». Es probable «entonces» que el *cuatro* sea, en Aristóteles, un nombre del infinito que atraviesa a la causalidad, la cual se mantiene ligada a un régimen de inmediatez, fuera de cualquier procedimiento formal o taxonómico, aunque dentro de la red en que ha sido formulada.

III. *Automaton* y *Tyche*. Existen dos causas que no responden estrictamente a la cuestión «por qué», sino al asunto de que los eventos llegan a ser «por algo». Son causas en sentido contingente[13] y no «a

---

[13] Lo contingente en los griegos en general no hay que inscribirlo, rápidamente, en oposición a lo necesario. Esta dupla es más tardía. La diferencia estriba en «lo que siempre está» y lo que puede faltar —accidental— y que «cuando está» se torna de primera necesidad. Por eso la causas accidentales y las propias pueden mezclarse hasta forma un férreo «entretejido». Pienso que ellas, en realidad, se oponen de modo indefinido y no previsible a los definibles y cuantificables.

lo que siempre está». Se trata del azar (*automaton*)
y de la fortuna o suerte (*tyche*).[14]

Ambas nociones, en relación a los modos de la
causa, están en el caso «de donde principia el cambio». Y pertenecen esencialmente a las causas que
se dan por naturaleza o por razón, siendo el número de ellas ilimitado. Semejanzas, pero también
diferencias. El azar es más abarcativo, «pues todo
lo que sucede por suerte, sucede por azar, pero no
todo lo que sucede por azar, sucede por suerte».
Asimismo los eventos en sentido estricto, «cuando
no suceden para algo y su causa está fuera [enton-
ces] hablamos de "por azar"». De modo que «el azar
[*automaton*] ya se da según la denominación, cuan-

---

[14] Azar (*automaton*) ha sido traducido azarosamente
cuando se lo ha usado en ciertas disciplinas donde sus propias nociones, o las que deberían generar, podrían hacerlo
más propiamente. El concepto de azar en la historia de las
ideas y de la ciencia mantiene relaciones críticas, asimila-
ciones, exclusiones y complementariedades con otros que no
permiten una veloz sustitución.

Fortuna o *Suerte* (también diosa venerada en el siglo IV
antes de nuestra era en Atenas, Tebas y Megara) han tenido
mejor *fortuna*. Una concurrencia de causas, ejemplificada a
través de un encuentro en una realidad específica, parece
haber compactado de manera indiscriminada la «realidad»
designada por Aristóteles con «lo real» (en-si) extraído de E.
Meyerson, tal como lo desarrolla en *La deducción relativista*.
El resultado no deja de ser sorprendente, tanto por lo que
produce como por lo que omite.

do un evento se da él mismo [*auto*] en vano [*maten*]; en efecto, la piedra no cayó del techo para pegar a alguien; por tanto, la piedra cayó por azar; [...]».

Hasta aquí algunos rasgos distintivos del azar. Sin embargo para la orientación de este texto es más importante lo que se ha escamoteado al nombrar la «oscura», «veleidosa», «buena» o «mala» suerte (*tyche*). Lo eludido es la inseparable relación entre *causalidad accidental* y una concepción del actuar en general y del acto ético en particular.

La *buena* o la *mala* suerte no la tiene cualquiera. Fortuna y lo que suceda por ella sólo cabe a los que «son capaces de actuar». Esto comprende por lo tanto a los seres «susceptibles de tener buena suerte». A la vez surge la exigencia constante para la inconstante de que «la suerte se refiera al resultado de los actos» y no a la espera pasiva de que caiga del cielo. De modo que a los que no actúan «tampoco les cuadra ni la buena ni la mala suerte».

En este momento, a mi entender, conjuga dos direcciones éticas complejas e insoslayables. La primera incluye la buena suerte en una teoría del «poseer un buen demonio» (*eudemonia*), goce de un modo de ser en el que opera un «bien supremo» al que se tiende porque está tendido de entrada.

Se notará que enlacé *eudemonia* a su composición, antes que a la insulsa traducción automática de *felicidad*. Cuando hayamos hecho un breve recorrido, como cabe a este escrito, podremos arrimarle el sinónimo.

La segunda determina que «"por suerte" llamamos a aquellos eventos que se dan por azar para quienes, pudiendo elegir, eligen». ¿Y qué o quiénes quedan excluidos de hacer algo por suerte? Bueno, lo que carece de «soplo vital» —alma—, una piedra; lo que está excedido por el instinto, un animal o lo que se halla preso de la indefensión, un niño. No cabe duda que se trata de una dimensión ética «adulta», lejana temporalmente, pero algo cercana de la elección existencial, después convertida en *ismo*. Aquí el actuar conjunta el buen demonio que nos impulsa hacia un fin, bien supremo inalcanzable —sino se convertiría en medio— y la compleja noción de elección. Y es en el plano instrumental[15] donde la convergencia forja las herramientas de un trabajo sutil.

La *eudemonía*, que ahora hago equivaler a felicidad, y resulta vacía si faltan los bienes que la producen, sin que por eso se la pueda reducir a ellos. En lugar de cerrarse sobre sus exigencias, desde sus laberintos se abre una pregunta, ¿cuál será el *supremo bien* del hombre?

La *Ética a Nicómaco* responde: la *eudemonía*; una felicidad provista de bienes, y que los sobrepa-

---

[15] Diseñado en la *Ética a Eudemo* y en la *Ética a Nicómaco*.

sa hacia una finalidad sin fin, es decir, por un movimiento hacia un logro imposible. Ese logro imposible, motor de su búsqueda, es el bien más perfecto del hombre que implica un trasiego, una actividad (*ergon*) propia del alma (*psúje*), de ese «soplo vital» que nos anima.[16] Pero no se realiza bajo la forma de la libre ocurrencia, sino de acuerdo con la virtud (*areté*), guiada por una sabiduría práctica (*frónesis*),[17] por una *prudencia* que debe impulsar nuestras realizaciones y pertenencias políticas (relativas a la *polis*). La prudencia no sólo demanda los equilibrios para no dañar el tejido social, sino los desequilibrios —p. ej. escaramuzas o guerras— necesarios para conservarlo. Un prudente es lo contrario de un pusilánime.

Como se podrá notar, la *felicidad* propuesta en la ética del Estagirita no tiene ninguna resonancia con el paraíso embobado del consumo lúdico, con sonrisa de foto fija, que nuestras sociedades publicitan como felicidad.

Por otro lado todo funciona o es según la virtud. Esta no posee ningún valor moral, vale decir, no se resume en una ética de valores (típica de los siglos

---

[16] Para indagar los meandros de la ética aristotélica y de otros dominios es bueno tener siempre presente su libro *Acerca del alma*.

[17] La prudencia, sea cual fuere su régimen, es considerada un articulador, p. ej., entre las virtudes cuya finalidad es conocer y las éticas cuya finalidad es actuar.

XIX y XX) ni en una moral de referencia donde —como muestra la genealogía nietzscheana— ellos juegan a la escondida.

¿Qué es, entonces, la *virtud* para esta ética de bienes, medios, fines, y algo más? Sólo comporta una disposición habitual buena. Subrayemos los tres términos para desagregarlos.

Disposición, derivación práctica hacia un lugar sin lugar (*utopos*), garantía de que la vida no debe —mandato ético— paralizarse.

Habitual, las costumbres y sus rutinas son asimiladas en un modo de vida que articula la acción del sujeto en un devenir comunitario.

Buena, que no se opone a mala, sino al no tener en cuenta el supremo bien (*to agathon*) consustancial a los avances y retrocesos de una determinada formación social e histórica.

Una virtud, así concebida, es poco virtuosa, nada casta. Más bien parece ser el «viejo» paradigma de una incesante transformación.

La segunda dirección puntualiza que «por suerte» sólo le cabe a aquellos sucesos dados azarosamente «para quienes, pudiendo elegir eligen».

El concepto de elección (*proairesis*) mantiene una gran distancia con la significación corriente del término y su unión con una acción voluntaria o de signo conciente. Y esto por un motivo, el mundo griego, carece tanto de una teoría de la voluntad como de la conciencia. En él hablar de «fenómenos de conciencia» no tiene sentido (es Plotino quién los menciona por primera vez). De ahí que la elección en lugar de ser maquinada en el ámbito de la voluntad o la conciencia, lo sea en el de una deliberación (*boúleusis*). Tal práctica es ejercida por un «ser racional» tramado en el acto del lenguaje (*logoi*) y en una praxeología[18] que ignora la razón como medida calculable (*ratio*) y la beatificación de la racionalidad moderna.

La deliberación, en cuanto acción ética, tiene variados caracteres y funciones. Ante todo es limitada. Toca sólo a las cosas que están a nuestro alcance. Por ejemplo, no me puedo poner a deliberar sobre por qué la suma de dos números primos es igual a un número par. O, como ilustra la *Ética a Nicómaco*, los espartanos no deliberan sobre cuál es la mejor constitución política para los escitas.

En segundo término, es anticipatoria.[19] El acto deliberativo precede, en general, a una elección determinada.

Y un tercer rasgo sería que, en la deliberación, permanece siempre resguardada una decisión (*krinein*).

---

[18] Teoría general de la praxis que surge de la ética aristotélica.

[19] Esta función no está registrada en el término castellano *elección*, pero sí en el griego *proairesis* (pre-elección).

Para los estoicos, Aristóteles y un gran número de contemporáneos, la *elección*[20] es lo que hace que un hombre sea lo que va siendo, donde lo que uno es se podrá apreciar recién desde el final. Debo hacerme lo que soy. Ésta es la realización no apriorística del hombre virtuoso como tal. Así, *elección* y *decisión* son los componentes constitutivos del acto de «ser hombre». En la fusión elección-decisión, devenir o no devenir será la cuestión, y la misión intrínseca será transformar el ser en puro movimiento.

Un agregado final. La elección-decisión como otras formaciones,[21] en Aristóteles, no pueden ejercerse sin que el deseo (*órexis*) las impulse. Debido a los desplazamientos que se van operando, la ética de la felicidad se va modalizando como una ética pragmática y metafísica del acto. Sin la potencia deseante que las nutre, las pre-elecciones y decisiones serían meras *flatus vocis* de la representación (*phantasía*), donde se acalla todo acto. Los medios y los fines siguen vigentes, aunque lo importante es

---

[20] Por ejemplo, para Sartre la elección es un «en sí». Más allá del aparente eco hegelo-kantiano del Ser y la Nada, su concepto de elección mantiene una gran consonancia con lo que estoy exponiendo.

[21] P. ej., la *imaginación* como la plasma en *Acerca del Alma* es una intuición inteligible (*noesis*) no objeto de discurso, inabordable sin «la potencia motriz del alma [...] lo que se llama deseo»; así, «la imaginación cuando mueve, no mueve sin deseo».

que la praxis los ha sobrepasado de modo radical.

Es por ella que en esta línea ética el hombre, habitante del logos irreductible a la lengua, arranca a éste de la animalidad sin apartarlo, virtuosamente, de la naturaleza.

IV. Las cuatro causas que Aristóteles estampa en el libro segundo de su *Física* son célebres, por eso ya nadie las celebra. Es decir, no perduran en una trama que es preciso seguir a través de las conexiones y despliegues que pasan desapercibidos, sino en un uso, catalogación, ritualización, etc, que las vuelve monótonas y desechables.

Por mi parte, en estas elucidaciones personales, evidencié, siguiendo la ruta de la «futura antigüedad», que los escritos aristotélicos movilizan el número de causas desde la mención numérica y la reducción de la reducción hasta la ampliación ilimitada. Las fronteras sólo están marcadas por las idas y vueltas de un pensamiento al que no le precede una inexistente voluntad de clausura.

Ahora bien, ¿cuál es el plano en que se mueven las formulaciones causales de la *Física* y, por extensión, de la *Metafísica*? Los otros dos los trazaremos más adelante.

Especifica Aristóteles: «en un sentido se llama causa [...] en otro sentido [...] luego [...]» y así hasta indicar «aproximadamente» (nótese la ambigüedad señalada ante un posible cierre de sentido) los significados del término «causa»: "Esas son aproximadamente las acepciones de «causa». Sucede, por las múltiples acepciones[22] de «causa», [...]". El encomillado del nombre «causa» no deja ninguna duda. Se trata de estudiar la causalidad en el plano *semántico-discursivo*.

Pero las causas son concebidas, asimismo, desde un orden extradiscursivo, ya que pueden remitirse a un concepto o a un objeto del mundo. El nivel semántico-discursivo es privativo sólo en un aspecto, aquel donde la causalidad puede ser explorada física y metafísicamente.

Por lo tanto, ninguna causa está referida a una categoría fija. Cada una de ellas es parte de un mapa desde el que se pueden dar múltiples respuestas a la pregunta de *por qué* esto o lo otro se dan de tal o cual manera.

---

[22] La noción de sentido rompe con cualquier intento de obliteración. No voy a reiterar cómo las causas sobrepasan los inventarios simulados, tanto como sus acepciones atribuidas. Eso quedó claramente evidenciado. Cuando Aristóteles fija («aproximadamente») los cuatro significados iniciales de causa, inmediatamente, los abre, siendo así que todas las acepciones de causa dan seis casos dicho cada uno de dos maneras y según la potencia o acto. P. ej. como *individuo* se trata de este médico; como *cruce de ellas*, de Hipócrates el médico; como *simple*, sólo médico.

Es notorio que las combinaciones y ramificaciones son innumerables.

Los indicios están lanzados en el mismo libro segundo de la *Física*, donde un diáfano listado constituía una trampa para el ojo. Ahí tira el guante que será recogido después.

Aristóteles se pregunta «¿qué impide que la naturaleza actúe sin finalidad y sin considerar lo mejor?». Y responde: «Así como si Zeus hace llover no para que crezca el trigo, sino por necesidad (pues el aire que ha subido debe enfriarse y, enfriado, se convierte en agua y cae; sucedido esto, ocurre sencillamente que crece el trigo); del mismo modo: si a alguien se le echa a perder el trigo en el granero por la lluvia, no llueve para que se eche a perder, sino que eso sencillamente ocurre. Asimismo, ¿qué impide que también sean así las partes orgánicas en la naturaleza, por ejemplo, que los dientes crezcan por necesidad, unos, los de adelante, agudos, aptos para morder; muelas, anchas, útiles para triturar el alimento, puesto que lo uno no se dio para el otro, sino que así coincidió? De manera parecida con las otras partes naturales, en las que parece darse una finalidad [...], la finalidad se encuentra en las cosas que se generan y existen por naturaleza [...]. Pero se actúa con una finalidad y, por tanto, lo que existe por naturaleza, existe para algo».

La extensa cita tiene un sentido. Sirve de introducción a un segundo plano donde Aristóteles continúa elaborando la causalidad en sentido restringido y diferencial. En éste ya no se trata de saber qué se entiende por causa y cómo es explorada en un campo semántico-discursivo, sino del *funcionamiento específico de la naturaleza*. Mediante la larga referencia inserta un texto en otro y, así, *Historia de los animales* obtiene su presencia en el corpus de la Física.

He leído *Historia de los animales* como si fuera una novela bio-metafísica de caracteres y costumbres, como un relato de relatos, ora minuciosamente descriptivo, ora con el toque de fábula renovada o de cuento fantástico,[23] pero siempre con el sabor que el tiempo deposita en los licores añejos.

En el primer libro de *De las partes de los animales* la causalidad deja en suspenso el orden ontológico y se dirige a estudiarla bajo el régimen de *producción de fenómenos*. Para ello la causa material y la formal sobran. Sólo serán útiles la eficiente y la final. E inmediatamente quedará en pie esta última, tal como lo demuestra su primado en la naturaleza.[24]

---

[23] También se podría añadir, de sesgo imaginativo (discutiendo la metamorfosis del cuco a partir de una fábula), de terror latente (los chorlitos limpiando los dientes de los cocodrilos) o de anhelo romántico (la «apacibilidad y mansedumbre» de los delfines y las constataciones de sus «amores con muchachos y apasionamiento por ellos, [...]»).

[24] La preeminencia de la *causa final* en la naturaleza (*physis*) provocó la tranquila indignación de Spinoza y la

Ahora es necesario despejar un malentendido habitual. Para Aristóteles el funcionamiento de las causas finales en la naturaleza no está sujeto ni referido a las acciones de un ser «inteligente». La teleología en este dominio es coperteneciente a la biología. Los cambios y transformaciones en un ser vivo ocurren, parcialmente, porque contribuyen a un fin; proceso que no se da mediante la *agregación* de partes que formarían la consolidación de un todo. El largo párrafo citado adquiere, entonces, su

---

efervescente del suabo Hegel. El primero cumple con lo que había prometido explicar, «que la naturaleza [a esta altura ya ha perdido su esencia como *brotar, variación absoluta*, etc.] no tiene ningún fin que se haya prefijado, y que todas las causas finales nada son sino ficciones humanas, [...]». Mediante una concisa argumentación, Spinoza cree haber mostrado «de qué fundamentos y causas extrae su origen este prejuicio» *(Ética, Apéndice, 1ª parte)*.

Teniendo como guía la constatación, llega a una conclusión aforística: la naturaleza no delibera. De ahí la aclaración pertinente de las *causas finales* en el campo de la biología, que hago en el texto.

Hegel es más tajante y generalizador. Advierte (estoy de acuerdo con su advertencia, salvo en el dominio que estoy marcando), «que es *inadmisible* la aplicación de la relación de causalidad a las relaciones de la vida físico-orgánica y la espiritual» *(Ciencia de la lógica, Doctrina de la esencia)*.

Las relaciones de estos dos geniales pensadores serían justas si Aristóteles hubiese fallado en relación a todos los dominios donde sostenía la validez de la causa final. Pero una indagación más afinada indica que no fue así.

pleno derecho. Para la «biología» aristotélica el todo no es mayor que las partes, pues se trata de ten-
dencias, orientaciones, procesos, que determinan el
desarrollo de un ser viviente. Y éste no funciona
por un *agregado* de elementos componentes, sujetos a una constante actualización. Las propiedades
de un viviente son *no agregativas* y requieren, para
su explicación, tener en cuenta a las causas finales, en el marco de una teleología inmanentista, es
decir, antípoda de cualquier Teología Natural.

Leibniz consideró que el mecanismo a ultranza
de un Descartes no podía dar cuenta de la generación de la vida.[25] Las leyes de la mecánica jamás
podrían brindar una explicación de *por qué* se da
cierta secuencia de fenómenos y no otra. Las respuestas exigen trasvasar las formulaciones de la física y apelar a la noción de *causa final*. ¿Aristóteles
delante de Descartes?, ¿tendrá razones el defensor
del azar y lo contingente, en el horizonte de la necesidad, que la razón moderna desconoce? Como no
se trata de cronologías dejemos las preguntas en
suspenso, aunque algunas pistas ya fueron esparci-
das.

Vamos rumbo al tercer andarivel.

Si saber es «conocer por las causas», entonces,
las mismas tienen un *estatuto epistémico*. Éste, a la

---

[25] Un texto de Aristóteles se denomina *De la generación y la corrupción*.

vez, debe tener un dispositivo que dé solidez problemática a la ciencia. El instrumento privilegiado será el silogismo,[26] de tal modo que la causalidad reúne el orden del discurso, siempre en el horizonte de sus elaboraciones y la forma canónica de la demostración. Así queda comprendida bajo el *término medio*[27] de cualquier figura silogística. Sólo basta que él opere para que toda conclusión sea necesaria. Sin embargo esto no supone una concepción logicista (como tampoco las anteriores una semanticista o biologista) puesto que la dimensión intuitiva de la causalidad jamás es abandonada. Forma parte del mismo proceso de elucidación.

La causa existente y «aquello donde hay causa existe al mismo tiempo que ella», «la causa y aquello de que es causa tienen lugar al mismo tiempo»,[28]

---

[26] De eso tratan los *Primeros analíticos o del silogismo*.

[27] Un ejemplo del mismo Aristóteles ilustra el asunto: «[...], supóngase el fenómeno de la pérdida de las hojas simbolizado por A, tener hojas anchas por B y la vid por C. Si A es atribuida a B, en cuanto que todo árbol de hojas anchas pierde sus hojas, y si B es atribuida a C, puesto que toda vid tiene hojas anchas, se concluye de aquí que A es atribuida a C, es decir, que toda vid pierde sus hojas; y la causa aquí es B que es término medio» *(Segundos analíticos)*.

[28] Ya he señalado en otro lado que los pensadores clásicos no tenían en cuenta la relación causa-efecto, por la sencilla razón de que carecían de un término para nombrar a este último. A esto se lo llamó «principio de inherencia» sin más, pero había, como estoy mostrando, mucho más.

es remarcado en distintos momentos de los *Segundos analíticos*. En principio se realza que la causalidad está determinada por la simultaneidad y es extensión de lo generador-generado. Y desde ellas hay que pensar lo anterior o posterior escandidos en la línea del tiempo.

De igual modo, entonces, el antecedente implica el consecuente y éste explica al antecedente, pudiéndose demostrar «el uno por el otro». Ahora se delimita una *causalidad circular*, a la que se le achacó el erróneo marbete de «determinista».[29]

Sobre el final de esta nota podríamos hacer «circular» la causalidad en Aristóteles sobre la metáfora de una geometría que tanto apasionó a la *grieguería* clásica. Quizás, la más cercana sea la figura de un triángulo escaleno; figura de cruces y encrucijadas donde lo desigual da paso a indeterminadas determinaciones. Por un lado del triángulo resba-

---

[29] Llamo la atención sobre este apelativo porque se lo ha usado de manera indiscriminada, sin la menor idea de lo que se está diciendo y esgrimiéndolo casi como una acusación. En realidad, antes de que Laplace formulara su célebre doctrina sobre el determinismo (*Ensayo filosófico sobre las probabilidades*, 1814), donde dice «Una inteligencia que por un instante pudiera comprender todas las fuerzas que animan la naturaleza [...] abarcaría en la misma fórmula todos los movimientos [...], para ella nada sería incierto, y el futuro, así como el pasado, estarían presentes a sus ojos», es imposible hallar algo que merezca ese título. Lo demás sólo habla de un atolondramiento prejuicioso.

la una perspectiva *semántico-discursiva*; por otro una incipiente *biología* enclavada *metafísicamente* y desde el tercero una *lógica* formulada desde un horizonte *epistémico*. Pero el triángulo las requiere a todas. Sin ellas la causalidad sería una nueva oferta gastronómica, o sea: causas a la carta.

Tercer paso
MEDICINA CIENTÍFICA JURADA
VERSUS
CONJURA METAFÍSICA ESTOICA
Dimensiones causales y éticas

Cuando se trata la problemática de la causalidad existe una remisión canónica a Aristóteles, al tratado que expone sobre las causas y el principio de causalidad que despliega en diferentes textos. Sin duda es uno de los comienzos indiscutibles de la cuestión. En el *paso* anterior he puesto de relieve la urdimbre y complejidad de la causalidad en sus formulaciones. En el primer libro de su *Metafísica* constata que ningún antecesor abordó de manera completa y suficiente el asunto de las cuatro causas, en especial, la formal. De todo ello nos ocupamos previamente, ya que las cosas no son tan evidentes ni transparentes como acostumbran a plantearlas los manuales, los comentaristas o apresurados divulgadores.

Un pensador, sea Posidonio, Anaxágoras o Platón, sacude las certezas con certeras preguntas, antes que construir un campo de tumbas juiciosamente dispuestas. El catálogo, las nomenclaturas o una obstinada voluntad metódica se perfilan ausentes del pensamiento griego. Sin embargo las amnesias y omisiones no le son totalmente ajenas.

Los primeros filósofos sólo admitieron la causa material. Ésta podía variar en número y carácter. Para Tales el agua; para Anaxímenes el aire; para Heráclito el fuego; Empédocles le añadió la tierra a todos los elementos mencionados. Otros, como Anaxágoras, al creer que había un intelecto (*nous*) en la naturaleza que generaba su orden y armonía, agregó la causa eficiente a la material. Los pitagóricos, eximios matemáticos, consideraron que los elementos del número eran lo par (lo ilimitado) y lo impar (lo limitado). El número es el resultado de la unidad de esos componentes y el mundo es lo generado a partir de los números. Así éstos son la causa material y eficiente de todos los seres.

Por su lado Platón, teniendo ciertas afinidades con los pitagóricos, se diferenció de ellos con aportes singulares, adoptando sólo la causa material y la formal. Pero ninguno de los nombrados, según afirma Aristóteles, consideró «propiamente la causa final», que confundieron con el principio del movimiento o con la causa formal.

La rápida síntesis de los diez capítulos del libro primero de la *Metafísica* de Aristóteles, tiene una función distinta a la de ofrecer un panorama sobre la cuestión de la causalidad antes del Estagirita. Es la de resaltar la que circunda todos mis textos: la exclusión, el olvido y, a menudo, la franca represión que atraviesa la historia de las ideas.

¿Qué dominios, cuáles figuras, qué problemática sobre la causalidad y sus ramificaciones específicas, quedan fuera del relato aristotélico de manera selectiva y sin considerar? La respuesta a estos interrogantes demandaría una exploración particular, aunque existe un campo claramente marginado, el de la medicina. En él se había pensado y discutido, fuera de la identidad filosófica, el problema de la causalidad y su eficacia operatoria. Posteriormente, el asunto se liga a los planteos estoicos, que revierten sobre el ámbito médico donde toman un relieve fundacional, como en caso de Ateneo de Atalia, o generan fuertes rechazos, como en el de Galeno.

Un recorrido mostrará la importancia de lo descartado y sus conexiones.

Debido a los quehaceres habituales en el círculo medico, sus profesionales estaban abocados a la etiología de las enfermedades. Era prioritario detectar, inferir e investigar las causas productoras de las diferentes patologías para efectuar su reversión. Este enfoque posibilitaba, a la vez, un doble movimiento.

El primero apuntaba a librar el campo de las afecciones de charlatanes (como los denunciaba Hipócrates) que se arrogaban el crédito para ellos si el enfermo sanaba y le atribuían el descrédito a los dioses si el paciente moría. Esto ocurría con la epilepsia, llamada «enfermedad sagrada»,[30] y de la

---

[30] El texto de Hipócrates *La enfermedad sagrada* es parte del corpus escritural del fundador de la Escuela de Medicina Hipocrática. La traducción completa de este corpus en castellano compone los *Tratados Hipocráticos*, edición de G. García Gual y colaboradores. Para el asunto en que estamos buceando es fundamental el texto de P. Laín Entralgo, *La Medicina Hipocrática*, donde el autor explora el concepto de

cuál afirmaba Hipócrates (siglo V antes de nuestra era), «no creo que la enfermedad sagrada sea más sagrada o divina que cualquier otra enfermedad, por el contrario tiene propiedades específicas y una causa natural definida». Así repudiaba el médico de Cos a los gárrulos —cuyo referente era Empédocles, profeta, orador, mago— que difunden sus artes curativas convirtiéndose en augures de las divinidades. Sin embargo la certidumbre de Hipócrates y sus repudios se basaban en la experiencia y la observación efectivamente realizadas. De ello se había percatado al hacer la autopsia de una cabra que tuvo epilepsia. La misma le había revelado que la «enfermedad divina» tenía como causa una descarga de fluido en el cerebro; estado de cosas totalmente observables.

Las diversas situaciones puestas «a la vista de cualquiera que conozca la práctica médica» nos lleva al segundo punto.

La cura por «artes mágicas» quedaba erradicada —y eso constituía un deber— del universo médico. Los hechiceros, taumaturgos y agoreros, no tenían ninguna autoridad ni autorización para dar descripciones minuciosas acerca de las enfermeda-

---

physis («producir», «engendrar», «brotar» y que, por mera convención, igualamos a la naturaleza, siendo muy diferente de este término latino), capital para dar cuenta del espectro causal en aquella medicina.

des, su clasificación, la comunicación de las observaciones o la factura de manuales de diagnóstico y tratamiento como los que circulaban en el campo de la «ciencia por excelencia».

Ello no era una mera recomendación o desideratum. El «se debe» reposaba sobre un pacto de pertenencia. Y el pacto quedaba cuidadosamente guardado en el cofre de un *juramento*, de la dictadura de lo igual en cada uno. Sólo así era posible delimitar el estatuto de una «ciencia verdadera», basada en la observación sistemática, las inferencias fácticas, etc., claves de diagnósticos y tratamientos veraces. Por eso la concepción médica debía regirse por la reversión de los efectos a las causas. De esta forma su método podrá seguir los dictados de la *empiria*[31] y ser despojado de cualquier vacilación.

Sobre la medicina antigua[32] marca las pautas que hacen de la medicina una ciencia consistente que permite caracterizar el régimen interno de cada enfermedad, la predicción de su desarrollo, la posibilidad de su control, la reconstrucción con el paciente de su pa(de)ciente experiencia en el curso de un diálogo, y el tránsito de los efectos a las cau-

---

[31] Término que en el uso de los pensadores griegos no denota sólo cosas concretas y palpables, como entre nosotros, sino también el aprendizaje vital, una continúa experiencia (*empeiria*) de vida.

[32] En *Tratados hipocráticos*. Idem.

sas. Pero estas causas no son fácilmente ubicables ni pertenecen, enteramente, al orden de la evidencia.

Tanto la medicina como los estoicos, Anaxágoras o Aristóteles manejaban la sugerente noción de «causa oculta». P. ej. para Aristóteles el azar (*automaton*) era una causa oculta a la inteligencia humana debido a su carácter divino. Para los estoicos, no era otra cosa que la demarcación del límite, el de nuestro espíritu. La «oscuridad» que cubría a dicha causa no la sumía en el misterio o lo inefable, sino que nuestro conocimiento se movía en un borde que le permitía su continuidad y reducía su omnipotencia.

¿Por qué, cómo se conoce eso que es oscuro? Gracias a aquello que es claro,[33] mediante los recursos a la analogía y la extrapolación, partiendo del supuesto de que los sucesos que escapan a nuestra percepción son similares a los que nos son accesibles.

En *Sobre la medicina antigua*, Hipócrates sostiene que se pasa al interior de un cuerpo[34] por analogía con los fenómenos exteriores. Las conjeturas

---

[33] Dupla que maneja Deleuze para dar cuenta de los procesos de pensamiento, el lenguaje y la constitución y devenir de la imagen.

[34] Más adelante caracterizaremos esta noción y su relación con el asunto que nos ocupa.

que se puedan hacer sobre lo invisible se realizan desde lo visible. De ese modo las causas oscuras, ocultas, ominosas, etc., no hay que dejarlas en «boca de los charlatanes», sino apropiárselas como un acicate para la investigación.

El decurso anterior establece inequívocamente dos dimensiones bioéticas y un programa deontológico que no se puede esquivar, a riesgo de quedar fuera de juego.

En principio el canon médico es idealizado a través de lo que se *debe* hacer y *cómo* actuar ante el cuadro de las enfermedades. En ayuda del mandato ético acude una semiología específica, apoyada en una idea de causalidad, que determina que los fenómenos son signos[35] de causas ocultas. Serán la observación y el análisis detallado lo que nos posibilite la tarea de indagar lo que sobrepasa nuestros sentidos. Pero ello sólo puede hacerse si nos remontamos de los signos a sus causas que las operaciones racionales, mediante comparaciones analógicas, conducen hacia sólidas conjeturas acerca de la enfermedad, su grado, dirección y demás; así como

---

[35] Los signos que componen esta *semiología médica* tienen el rango de «aquellos donde hay causa» (efecto). De ahí que haya una simultaneidad absoluta que considera como normal el uso del método analógico, cuya trama, en los pensadores médicos y estoicos, rehuye la simpleza y formalización de sus aplicaciones posteriores.

de la salud, las condiciones de retorno a su «estado satisfactorio» y los cuidados para permanecer en él.

Paso seguido resulta notorio un segundo aspecto. La evidencia de los signos, sus ligazones éticas, complejidad y múltiples derivaciones, está respaldada en el postulado de la causalidad. Es en los dominios médicos donde se explora, por primera vez, la relación entre las causas y la enunciación de una de ellas que los estoicos y el mundo antiguo adoptarán con diversos matices. El debate girará sobre tres ejes.[36]

En primer lugar, el comprendido por la oposición entre causa exterior inicial, ligada a la sucesión, y causa interna simultánea. Aquí se puede observar cómo lo exterior funciona sólo como «disparador», no como generador de lo ocurrido en nuestro mítico y vacío interior. Mientras que la simultaneidad de lo interno posee una actividad que puede neutralizar o potenciar lo extranjero.

En segundo término, la distinción entre causas internas o profundas (o sea: donde se cuece la enfermedad o se tejerá, en otra corriente, el asentimiento) y causas externas o desencadenantes. Nueva-

---

[36] La amplitud que irán tomando las discusiones sobre el asunto dejarán pequeño a ese número de cuestiones. La aparición de la Escuela Pneumática, fundada por el médico Ateneo de Atalia, de formación y convicción estoicas, será el pasaje conflictivo entre ambas concepciones.

mente, de manera ejemplar, lo exterior queda reducido a una cualidad cuya fuerza productora será puesta en duda, sin negarla ni afirmarla, sino enriqueciendo el problema de la correspondencia que pueda haber entre ellas.

En tercera instancia, la sucesión y ubicación de las causas, en los territorios médicos, puede tocar el infinito. Sin embargo, será el último eslabón, «aquel donde hay causa», el que podrá llamarse propiamente *causal*.[37] Nada por el estilo ocurre en el pensamiento estoico o aristotélico, donde las causas están bien señaladas, aunque de ningún modo enumeradas, definidas o clasificadas, a la manera de los compendios. Volveremos, en todas las ocasiones que sea necesario, sobre estos repetidos asesinatos conceptuales elevados a una de las «bellas artes».

---

[37] La idea de una serie de causas que se van encadenando hasta la última —denominada *procatártica* (inicial, primitiva)— que produce el efecto fue una postulación médica que registra Galeno en *Sobre la causa procatártica*, atribuyéndosela a Hipócrates. De modo que, según Galeno, ni la causa mencionada ni la sucesión de causas similares que, como ya veremos, constituyen el *Destino* estoico pertenecen originariamente a sus formulaciones. Por otro lado, en la tradición médica, que Galeno testimonia en el texto referido, la causa *procatártica* había sido sometida a una dura crítica. En realidad lo que precede al desencadenamiento de la enfermedad, sin producirla verdaderamente, era una causa *condicional suficiente*, pero no necesaria, para constituir una causa eficaz.

Desde los comienzos, el asunto causal es indisoluble de las cuestiones estéticas, éticas, lógico-epistemológicas y de la larga seguidilla donde reverbera, es decir, en los devenires naturales y humanos por los cuales nos denominamos «seres en el mundo». Sólo falta saber si este apotegma no es una línea sectorial, de aliento clasista, que determina a otros como *en-seres* fuera del mundo.

El fundamento ético del ser humano ya lo hemos ligado reiteradamente a los albores de la causalidad que despunta en las formulaciones de la ciencia médica, y de la cual la filosofía es acreedora y deudora recíproca de lo que ignora o deniega.

La captación estética pasa, desde muy temprano, por la decisión sobre lo que sea un cuerpo,[38] el régimen de sensibilidad que lo circunda y el vínculo con la percepción, acompañada de memoria, que lo capta en diferentes planos. Muy tarde históricamente el horizonte estético será compartido —a menudo fundido— con el del arte, sus distintos senderos e intentos de conceptualización.

Asimismo, los problemas y controversias lógico-epistemológicas surcan las formulaciones sobre la

---

[38] El volcado posesivo, ya no acerca de los cuerpos, sino sobre *mi* cuerpo, es un tema contemporáneo, que pretende huir del disciplinamiento y control que imponen la mayoría de los media y estados gerenciales. Pero como éstos manejan una especial sabiduría monetaria han trocado el control del cuerpo por el del *alma*.

causalidad, las diferencias radicales entre corrientes, los aportes inéditos, las interpretaciones veloces, la difusión compulsiva, el reduccionismo clasificatorio y un sinfín de especimenes que reclaman una elaboración de los materiales sin precipitaciones. O sea, posibilitar la operación de *escribir leyendo*. Pero la anomalía es meridiana cuando vemos los malabares y desprolijidades que se hicieron con los planteos causales, básicamente de los estoicos y Aristóteles.

La mayoría de pensadores antiguos concebían los *cuerpos* en su tridimensionalidad. Estaban limitados por una superficie y poseían una extensión en variadas dimensiones. En general debían ser perceptibles y estar in-formados, es decir, penetrados por alguna forma que circunscribiera sus fronteras, de otro modo se trataría de cuerpos infinitos, de un retorno indeseable a un mito constitutivo.[39] Además esos cuerpos están presos del vaivén del obrar y el sufrir, mientras los incorporales —que jamás tocan al cuerpo— están libres de esa alternancia. Más adelante expondremos algunos de los matices y necesidades de esa creación estoica.

Por otro lado, es común la aceptación de que los cuerpos son *mezclas*, p. ej. una gota de vino arrojada al mar se mezcla inmediatamente con el

---

[39] Las características de los cuerpos son objeto de elaboración en la *Física* de Aristóteles.

líquido marino, pero manteniendo su singularidad. La mezcla de los cuerpos no evoca ninguna fusión indiscriminada. O, usando una ilustración de la *Antología* de Stobeo, es de fácil comprobación que el fuego calienta un pedazo de hierro hasta el rojo. Sin embargo es imposible afirmar que ha generado una nueva *propiedad* en el metal. El fuego ha penetrado y se ha mezclado, por coexistencia de todas las partes, con el hierro, propiciando un nuevo *atributo* en aquél, un acontecer novedoso que no le agrega ni le resta cualidad alguna.

A diferencia de las propiedades, cualidades y calificativos similares, los atributos, como acontecimientos incorporales, no transcurren en ningún fondo oceánico ni en profundidades insondables, sino en la superficie de nuestro estupor, limitados por la superficie del cuerpo mismo.

Pero la mezcla de los cuerpos señalada es una perspectiva que sostiene el acontecer total de los cuerpos. A ella adhieren los estoicos, Aristóteles y la Escuela Pneumática. Otra posición —defendida por Demócrito, Anaxágoras, Empédocles y Epicuro—, que también acepta dicha mezcla, dirá que se trata de una yuxtaposición donde cada cuerpo conserva sus cualidades específicas. La colisión entre las distintas visiones producirá una serie de coincidencias, p. ej. entre estoicos y epicúreos y una seria confrontación entre epicúreos y estoicos, acerca de diversos asuntos.

Como rúbrica a estos sondeos, resta una disquisición, una especie de atribución de los orígenes. Para unos la amalgama corporal fue dicha en principio por Empédocles y sus cuatro elementos. Otros aseguran que fue Anaxágoras cuando conjeturó que un número infinito de gérmenes o semillas —que tienen propiedades irreductibles—, al mezclarse, fusionarse y separarse dan cabida a todas las cosas existentes. Esos gérmenes o semillas, que Aristóteles llamó *homeomerías*, constituyeron una imagen recurrente en la historia del pensamiento, desde los estoicos hasta Hegel. Y, por último, leyendo un opúsculo de Galeno,[40] noté con sorpresa cómo le adjudica ese origen a Hipócrates: «Para mi, Hipócrates ha sido el primero de todos en mostrar que los cuerpos naturales están hechos a partir del fuego, el agua, el aire y la tierra, y considero que se puede igualmente usar nombres, como vengo haciendo, o adjetivos llamando según la sustancia

---

[40] *Las causas sinécticas*. Tales causas ligadas, entramadas, son una invención estoica que Galeno reconoce y critica duramente sin mencionar la teoría de los incorporales, o sea, desdeñando lo que no entra o es inútil en su esquema médico. Debo agradecer a una excelente amiga personal y del concepto, la señorita Marie Armelle D'Hoste, su traducción del opúsculo mencionado.

fuego, agua, aire y tierra, o según las cualidades caliente, frío, seco y húmedo».

Una disposición meritoria la de Galeno, en vista de los tiempos actuales, ya que sabía respetar los pactos de origen.

La bisagra

El articulador entre la concepción estoica de la causalidad y las que privan en la medicina es Ateneo de Atalia, un médico griego discípulo del estoico Posidonio (el primero en exclamar «soy ciudadano del mundo»), fundador de la Escuela Pneumática. Ateneo, al igual y diferente que Galeno, es un fiel transmisor de las ofrendas. Siguiendo los pasos de sus mentores, reconoce tres causas. La *sinéctica* (ligada), pneuma o soplo vital, que mantiene la cohesión de todo lo existente; la cual asimismo puede también ser imaginada como una placa espiritual giratoria que atraviesa todos los dominios vinculándolos de manera imperceptible.

En segundo lugar, la *causa antecedente interna*, como p. ej. los líquidos corporales, según sean fríos, calientes, secos o húmedos; los venenos y las drogas o una hiperabundancia de sangre.

En tercera instancia, la *causa procatártica*, anterior, primitiva y a menudo desencadenante, que puede generar la enfermedad si se dan «antecedentes» favorables. De todos modos, es posible que la

distinción entre las dos últimas mencionadas —que
en los estoicos toma otro rumbo— responda más a
exigencias profesionales que conceptuales, quedando sujetas de algunos equívocos. Sin embargo, es
verosímil concluir que, con ligeras variaciones relativas a la práctica médica, Atalia mantiene y promueve el horizonte causal estoico.

Causas, paradojas, efectuaciones,
bifurcaciones y otras imprevisiones

La *causa sinéctica* es una invención estoica. Sobre el particular existen pocas dudas atendibles y
casi ninguna discusión. Esta causa ligada, conjunta,
entramada, es la causa primera, fuera de lo ordinal,
para los estoicos. El amplio campo semántico del
verbo *sinécsis* (contener) y, en general, el término
sinéctico (contenido) operan en el meollo de una
convergencia semántica que anuda y reúne eso que
contiene. De ahí su atracción para los médicos, ju-
ristas, retóricos y para todos aquellos que tenían la
necesidad de confeccionar un largo listado de causas, inventario totalmente ajeno a un Cleontes o
al mismo Crisipo, que parece ser el forjador de la
causa fundante. Ella, como la que mencionaremos
a continuación, es *simultánea* a sus efectos,[41] sufi-

---

[41] Ya he aclarado que la noción de efecto en esos pensadores, como en Platón, Aristóteles, etc., no existía, en cam-

ciente para provocarlos, por eso es *absoluta*,[42] «no tiene necesidad del tiempo para obrar»[43] y mantiene la cohesión, articulación y conjunción de todo lo existente.

La función mencionada es apreciable en distintos niveles de trabazón, sean naturales (articulaciones, cartílagos, ligamentos, tejidos) o artificiales (pegamentos, tornillos, ligaduras). Todo lo que en esos planos concreta dicha función puede llamarse *causa conjunta*. Como apunta Galeno en el pequeño escrito al que hice referencia,[44] «ella no es otra que la que los estoicos denominan causa ligada de los seres, una sustancia material sutil».

Pero ¿qué es esa «sustancia material sutil»? Lo que Anaxímenes llamó *pneuma*[45] y que los estoicos adoptaron con ligeras modificaciones, considerando que el pneuma se componía de aire (soporte frío) y de fuego (soporte incandescente) llenando el cos-

---

bio aquél era designado por la perífrasis «aquello donde hay causa». La simultaneidad, entonces, está servida.

[42] Clemente de Alejandría, *Stromates*.

[43] Idem.

[44] *Las causas sinécticas*.

[45] Se trata del aire desplazado por la acción de soplar e *in extenso* «soplo vital», «aliento que anima», espíritu, actividad espiritual, etc. Para Anaxímenes, el aire rodea al universo al igual que el alma, que es aire, y soporta la cohesión del organismo humano y animal.

mos y aglutinando la materia mediante un proceso fundamental: la *tensión.*

El movimiento pneumático no conlleva desplazamiento alguno, sino que consiste en una diseminación de estados en un continuo indivisible.

La tensión era clave para los estoicos en cuanto unificación de lo disperso. Crisipo la conecta con el doble movimiento que iba del centro a los bordes, por el cuál emergía la vida, y de los bordes al centro, por el cual se regulaba la tendencia a la dispersión. Mientras que su maestro, Cleontes, pensaba que la tensión era la fuerza propagadora del fuego. Su carácter de resistencia a la disgregación y mantenimiento de la cohesión es indistinguible de la función aglutinadora del pneuma.

La crítica del fundador de la fisiología experimental no se hace esperar. Para el empírico,[46] la causa sinéctica explica la consistencia de los sólidos, es decir, la conservación de un estado, pero de ningún modo la producción de fenómenos. Entonces,

---

[46]Nombre que Galeno recauda para sí. En la página final de *Las causas sinécticas*, dice: «[...] ese razonamiento, en el cual la primera proposición es «si tales son los signos, tales son las causas», y la segunda «si tales son las causas, tal es el tratamiento», esas no son las que adoptan los empíricos [como él]. Éstos las consideran como afirmaciones de los médicos dogmáticos [sus adversarios], concluyendo que existe un abuso de la noción de causa» *(Trad. M. A. D'Hoste — agregados míos).*

surge la pregunta obligada (básicamente dirigida a la Escuela Pneumática). Si dicha causa no le sirve en absoluto a la etiología médica, ¿para qué introducirla en la medicina? Además, si en sus feudos ya se había gestado una causa realmente útil —la *procatártica*—, ¿a qué responde la importación de una totalmente inservible?

Claros interrogantes de una concepción empírica que, por su furor de ubicar el origen de la enfermedad, su centramiento en el cuerpo y la corporación, ni siquiera registra la teoría estoica de los incorporales.

Decía muy acertadamente Deleuze que los estoicos eran «amantes e inventores de paradojas»,[47] la afirmación simultánea de dos sentidos contradictorios que «destruye la cordura como sentido único, y a continuación lo que destruye el sentido común como asignación de identidades fijas». Todo ello juega, según mi apreciación, en la causa sinéctica estoica.

En este verdadero artilugio lo primero que resalta es la disolución del sentido común, ya que se trata de una causa primera absoluta (cuyos caracteres y funciones señalamos) sin ningún régimen de efectuación. ¿Cómo es posible una causa que no

---

[47]No sólo en el campo lógico, sino en todos los planos, como iré mostrando.

causa nada? Esto es operante únicamente a cuenta de una paradoja.

El *Stromates* de Clemente de Alejandría sienta ya de manera casi canónica lo que debe denominarse causa: «Se llama causa a eso que produce cualquier cosa en acto [...]. Así, "producir" significa dos cosas: "ser ya en acción" y "no ser todavía, pero gozar de la potencia de actuar"». Sin embargo, la sinéctica burla el mandato y afirma su vigencia contra la idea de que una causa impera o es útil sólo cuando interviene en la producción de fenómenos. Inversamente, en la medida que no los genera posibilita sus estados y conexiones. Además esa causa causante que tensa, conserva y mantiene la cohesión, lo hace deviniendo, propiciando las transformaciones, cambios y modificaciones. La paradoja, en este aspecto, diluye la vía de sentido único que recorre toda sensatez a partir de un punto inicial. No hay un comienzo para el devenir, sino que el comienzo ya es devenir.

Existe una imagen que recorre la historia del pensamiento: el *germen*. Este le viene de perilla a los estoicos para plasmar la *imago* de la causa sinéctica en la superficie perceptible del crecer sin sosiego, evidencia conjunta de lo sinéctico, el fuego y la figura comparativa.

Haciendo una puntualización sobre su uso estoico Aristócles de Mesina aclara: "El fuego primero es como un germen que contiene las razones y las causas de todos los acontecimientos presentes, pasados y futuros; su entrelazamiento y consecución son el destino,[48] ciencia, verdad y ley de los seres, imposible de evitar y de huir de él".

La sostenida fascinación de este icono (que apenas se ha desgastado en milenios) proviene de su eficacia en un doble aspecto: causal y del desarrollo en la duración. Es decir, de la diferencia brotando en continuidad con el devenir que la impulsa. Bergson hace germinar su *durèe* en el núcleo de la semilla estoica.

Tomando el asunto desde otro ángulo vemos que por esa imagen queda inhibido el *a posteriori* del efecto que se realiza y diluye en el desarrollo del germen. Éste es orientado, a su vez, por una causalidad interna que se despliega y no por una externa generada por contacto. Así, en una conjunción causal independiente de toda sucesión será imposible hacer un corte entre causas y efectos. Ningún estado puede ser el efecto de un estado anterior ni causa del siguiente, de modo que la causalidad primera (germen *sinéctico* de todas las demás) debe ser simultánea a cualquier tipo de efectuación.

---

[48]Sobre su peculiaridad y carácter paradojal hablaremos más adelante.

Un absoluto relativo

Existe una causa segunda[49] —también absoluta y simultánea— que se diferencia de la anterior y de la que proviene del uso médico. Ella siempre realiza sus consecuencias. Por eso me tomaré la licencia de llamarla *efectual*. Funciona en lo empírico mismo. Ahí concreta infaliblemente sus efectos. En la dimensión física juega idéntico rol que el sujeto en el ámbito psicológico: un papel absoluto. Y, aunque parezca que se deslizan dos absolutos indiscernibles, en realidad ambos devienen en series diferenciales. La *causa sinéctica* se modaliza por su naturaleza pneumática. La *efectual* por la realización de «aquello donde hay causa», de un acto y la asunción indelegable de sus consecuencias. Sea en un proceso físico o, por distintas vías, en uno anímico, la forma, naturaleza[50] y condición de la cosa y el

---

[49]No se trata de alinear las causas en un régimen ordinal. Como advierte Crisipo, la causalidad no es divisible ni separable en dos, tres o cuatro causas. Al contrario, ellas se requieren unas a otras y establecen sus diferencias sólo en el devenir, de ningún modo en una discriminación reflexiva. Séneca, en sus *Cartas a Lucilo*, reafirma este argumento diciendo que, en los estoicos, es poco importante que sean tres o más causas, pues lo relevante es «la complejidad de la cuestión causal».

[50] Ambos términos poseen una significación particular en la concepción estoica y en las distintas orientaciones del pensamiento griego.

sujeto son determinantes de lo que se pueda lograr en cada caso.

El ejemplo canónico de Crisipo —contado por Cicerón en *De Fato*— es el del cilindro y el cono. Ninguno de los dos pueden moverse si no son impulsados por contacto, es decir, por una causa externa que funciona como desencadenante. La misma que médicamente, según Ateneo de Atalia, servía para diagnosticar , aunque no para llevar adelante el tratamiento. Dicha causa, en realidad, es aparente e ineficaz. La verdadera eficiencia está en otra parte. Apenas el choque pone en curso a los móviles, éstos funcionan por su propia forma y naturaleza, debido a las cuales «el cilindro rueda y el cono gira», como apunta Cicerón.

La correspondencia entre planos (físico, psicológico, metafísico) se da con toda naturalidad. No es preciso hacer esfuerzos denodados por establecer relaciones, mediaciones o articuladores específicos que liguen los cortes en la continuidad del universo. Las operaciones reflexivas se ocupan de discriminar lo que toca a sus dominios (lógicos, lingüísticos, etc.) y no de proyectarlos a la misma composición del mundo. Así en cada plano reverbera la diáfana conexión con el otro, dejando la opacidad de su diferencia como un trabajo que debe realizarse teniendo en cuenta la modalidad intrínseca del territorio explorado. Por ello no resulta extraño que el impulso dado a un móvil en el campo físico sea un pliegue que se despliega, de una manera determinada, en otro perteneciente al psicológico. Aquí es la *phantasia*[51] la que impele los devenires del alma,[52] la cual depende de su propia forma, modos de asentimiento y respuestas de las fantasías que la incitan.

Volviendo, sin habernos ido, a la que denominé *causa efectual*, vemos que, a diferencia de la esencial (*sinéctica*), es siempre causa efectuada, cuya eficacia está más allá de toda evidencia sensible.

Pero ¿qué son los *efectuados* de manera absoluta y de segundo orden? Reitero, no es un orden subordinado (esta idea es ajena a los estoicos), sino un intervalo en el devenir, una especie de escala con sus singularidades. Ella corresponde a los *incorporales*, que adquieren con los estoicos un estatuto inédito. Se los había usado para hablar de la armonía entre los entes, de las ideas (la indignación y horror platónicos de que fueran tratadas como

---

[51] Fantasía, término que acercaremos al moderno de representación, aunque tenga poco en común con él.

[52] La voz alma (*psúje*) tiene una rica polisemia para los griegos, y no puede tomársela separada de *bios* y *soma* para entender lo que ellos pensaban bajo la palabra vida. *Bios*, que corrientemente se traduce por «vida», es sólo un modo de vida o el curso de una vida. Desgajada del «soplo vital» (*psúje*) y el *soma*, lo somático, es nada más que un fantasma lingüístico.

cuerpos era indescriptible) como los únicos seres existentes o de los demás sólo como participación en el universo ideatorio. Por otra parte se ha designado como incorporal todo lo que trasciende el mundo sensible y sus vericuetos.

Sin embargo, fuera de cualquier duda, son los estoicos quienes introducen los incorporales en los dominios filosóficos. Y, entre ellos y los cuerpos reconocen un género supremo indefinido: «alguna cosa» (*aliquid*)[53] que da paso a la distinción mencionada. Como es notorio, entonces, cae la supremacía del ser, que se reduce a mínimos.[54] Sexto Empírico en *Contra los matemáticos* ofrece un listado de los cuatro incorporales estoicos[55] que, hasta hoy,

---

[53] Es el «cualsea» del que habla Giorgio Agamben en *La comunidad que viene.*

[54] Las astillas que restan del ser como permanencia e inmovilidad. Además distingue radicalmente (operación que nadie hizo antes de los estoicos) «dos planos del ser: por una parte, el ser profundo y real, la fuerza; por otra, el plano de los hechos, que se juegan en la superficie del ser, y que constituyen una multiplicidad sin lugar y sin fin de seres incorporales» (E. Bréhier, *La thèorie des incorporels dans l'ancien stoicisme* — trad. personal).

[55] No habría que desaprovechar, por lo sugerente, series distintas a las del Sexto Empírico. P. ej., Cleomedes propone, también, cuatro incorporales: lo expresable (*lecton*), el tiempo, la superficie y el vacío. Plutarco, a su vez, propone: el tiempo, el atributo, la preposición, la ligazón y la conjunción. Faltan el lugar y el vacío, pero los tres términos

es considerado el más completo, aunque no el de mayor precisión. Ellos son lo *expresable* (*lecton*), el *vacío*, el *lugar* y el *tiempo*.

Consideremos ahora, en un ligero bosquejo, ciertas variaciones y modos de devenir de los incorporales. Trataremos, en lo posible, de huir de las cómodas enumeraciones.

Deleuze afirma, con una sutileza imprescindible, que los estoicos «van a realizar una determinación totalmente nueva de la relación causal», pues «desmembran esta relación, para rehacer una unidad de cada lado. Remiten las causas a las causas, y aseveran que hay una relación de las causas entre sí (destino). Remiten los efectos a los efectos, y ponen algunos lazos de unión de los efectos entre si». Después continuaré con la referencia. ¿Por qué «algunos lazos de unión» y no *relación causal* o cosa parecida? Por un sencillo motivo. Si las uniones entre los efectos fueran de tipo causal, al ser la causa un cuerpo arrancaríamos a los incorporales de su lugar, introduciendo aquel donde no le corresponde.

---

lógicos desarrollan, mejor que las demás propuestas, lo que es un expresable (*lecton*). Y Diógenes Laercio estima que serían los cuatro de Sexto Empírico más el *límite*. Quizás por este último se ha podido afirmar que los incorporales no estaban en otro reino, sino en el límite de los cuerpos: «el hecho incorporal está de muchas maneras en el límite de la acción de los cuerpos» (E. Bréhier, *ob. cit.*).

Ahora sigamos con Deleuze. Una vez que señaló la existencia de algunos enlaces entre los efectos, aclara: "Pero en modo alguno de la misma manera, pues los efectos incorpóreos no son nunca causas los unos con relación a los otros, sino solamente «casi-causas»,[56] según leyes que expresan, quizás en cada caso, la unidad relativa o la mezcla de los cuerpos de los que dependen como de sus causas reales".

Había subrayado que la mayoría de los pensadores antiguos aceptaba que los cuerpos debían su composición a las mezclas, porosidades, fusiones, cavernas que serpenteaban bajo la perceptible solidez, compenetraciones y fisuras que habitaban en el núcleo de lo compacto mismo. Y eso ocurría por la modulación que ejercía un incorporal por excelencia: el *vacío*.[57]

---

[56] Esta expresión, adecuada para la crítica de Spinoza a la causa final aristotélica, es desafortunada para señalar lo efectuado en la causalidad estoica. Ello se debe a que la noción de casi-causa desliza, en cierto modo, el cuerpo, rompiendo así con el principio de imposibilidad que había establecido el Pórtico.

[57] En otro texto de la trilogía, *La problemática de la subjetividad*, había realizado un esbozo de este asunto en Lucrecio a partir de su libro subestimado, el VI, de *La naturaleza de las cosas*. Ahí se extiende y matiza lo que asienta en el libro I, «No está todo ocupado por los cuerpos / porque se da el vacío entre las cosas». Mientras que el II enfatiza no saber de «un solo cuerpo [...] de ninguno que no conste de mezcla de principios [...]» y cuando más propiedades

La extensa remisión a Deleuze, así como la verónica que realiza en su texto, surgía de la necesidad de diferenciar el «desmembramiento» de la relación causal estoica del que efectúa Epicuro (y la fuerte polémica que mantuvo con el Pórtico). Él suponía un principio de homogeneidad, o sea: sólo un cuerpo puede ser causa de un cuerpo, y un incorporal de un incorporal.[58] Como se puede observar esto resultaba inaceptable para los estoicos, pues se metía por la ventana lo que había sido arrojado por la puerta.

Los incorporales jamás tocan a los cuerpos, postulaba Crísipo. No comportan un *ser*, sino *una manera de ser*. De ahí que siempre sean expresados por verbos que arropan procesos, estados, actos. Nada agregan al ser —como las propiedades, cualidades o características— son dejando de ser, irrealizándose en un mínimo de ser. Dicha manera de ser

---

tenga un cuerpo mayor será su rica variación, puesto que la *naturaleza*, en Lucrecio, es pura emergencia de la variedad, polifonía diferencial de «lo que brota continuamente».

[58] Para Epicuro, a pesar de las convergencias y divergencias que tenía con los estoicos, era imposible pensar un incorporal por sí mismo (divergencia), salvo el vacío que no puede obrar ni sufrir. De modo que los que dicen que «el alma es un incorporal hablan para no decir nada» (convergencia). En todo caso, si fuera un incorporal, entonces, no podría obrar ni padecer, como afirma a lo largo de su *Carta a Heródoto*. El padecimiento del alma y sus gozos será uno de los *leit motiv* de la literatura cristiana.

cae fuera de la actividad y la pasividad. No se pueden englobar los incorporales bajo las nociones de agentes o pacientes, pues desembocan, como marca Deleuze, en variados «resultados de acciones y pasiones, "impasibles" [...], resultados impasibles. No son presentes vivos, sino infinitivos: Aiôn ilimitado, devenir que en el infinitivo se divide en pasado y en futuro, aludiendo siempre el presente».

El texto continúa haciendo una deriva sobre el tiempo que deja algunos interrogantes sobre la concepción estoica de la temporalidad y su vínculo con los incorporales, lo efectuado. Por un lado no son «presentes vivos, sino infinitivos». Y eso es inobjetable. Lo fundamental del expresable (*lécton*)[59] es un modo de ser, un atributo, es decir, no agrega nada al ser, como ocurre con una propiedad o cualidad que añaden algo (altura, agilidad, etc.) antes inexistente.

El atributo sólo acontece des-agregándose. Su expresión más fuerte reside en el infinitivo; infinitivo en su lugar y tiempo, a la vez, dos incorporales. Es un *expresable incompleto* (comer, escribir, caminar, etc.) que se tornará *completo* recién en la proposición. Su función es responder a una pregun-

---

[59] Es lo significado por un verbo que no produce ninguna modificación en un cuerpo. No hay que confundirlo con la palabra, lo expresado o lo proferido, que son cuerpos y producen modificaciones locales.

ta que requiere la conjunción específica, ¿quién es el sujeto del proceso en curso? Por eso, como lo muestra el difundido ejemplo de Sexto Empírico, cuando un escalpelo corta la carne no genera ninguna *cualidad* nueva en el cuerpo rasgado, sino un nuevo *atributo*, el de *ser cortado*. Salvo el acto mismo radicado en el infinitivo no se ha designado la aparición de ninguna propiedad real en el cuerpo de referencia.

Desde otra perspectiva, siguiendo la ruta del infinitivo resalta una modalidad poco mencionada del incorporal. Es sabido que, para los estoicos y otros, las ideas (el bien, el mal, la sabiduría, etc.) son cuerpos. Es interesante ver cómo aborda el mismo asunto, en otro nivel, Séneca. En sus *Cartas a Lucilo* es elaborado a propósito de la sabiduría. Tanto el sabio como la sabiduría son cuerpos, pero *ser sabio* —accidente de la sabiduría— es incorporal. Éste propicia una ligazón entre el sabio y la sabiduría, cuerpos separados o juntados inexplicablemente por la *participación* platónica del primero en la segunda. Es el reino de las ideas, la corpo-ración; sometiendo al cuerpo desolado, apenas «sé que no sé nada». Así, el incorporal, desacreditando que el sabio lo sea por *participar* en el mundo ideatorio, posibilita la articulación entre el sabio y el devenir sabio que, de otra manera, hubieran quedado platónicamente escindidos.

Llegando a una conclusión provisoria, de carácter general, vemos que lo efectuado (en el plano de la *causa efectual*) no puede ser expresado en adjetivos calificativos o propiedades sustantivas de los cuerpos, sino por verbos que despliegan procesos o actos. No son abarcados por las cosas o estado de cosas, sino aconteceres, atributos de rango lógico o dialéctico; más allá de que la dialéctica estoica, según Bréhier, jamás haya sido fecunda.

Por esta vía el «cono» sigue girando y con él algunas cuestiones que estaban detenidas.

En principio, transitando el sendero abierto por los megáricos, el situar los incorporales en el régimen de los verbos les permite a los estoicos esquivar de modo sutil la teoría platónica de las ideas y la consecuente servidumbre de los cuerpos.

A continuación varían el carácter de las proposiciones y los juicios. Se desinteresan por las proposiciones formadas por sujeto y predicado. Las que escogerán los estoicos se componen únicamente de sujeto y verbo. De esa forma generan una doble evitación: los juicios ya no deben recurrir a la cópula *es* ni expresaran una propiedad común (un cuerpo *es* caliente) sino un acontecer (un cuerpo *se* calienta). Así, bajo esta modalidad, el acontecimiento deviene expresable. Y, en un ejemplo parafraseado sin cesar, no se debería decir «el árbol es verde», sino el «árbol verdea». Heidegger dirá, «el mundo mundea», Sartre «la nada nadea» y muchos otros tratarán de ofrecer ingeniosos gongorismos.

Proposiciones como la mencionada lo son «de hecho», pueden ser necesarias o contingentes, verdaderas o falsas, posibles o imposibles. Y, en ellas, por la vigencia de los verbos emerge fusionado el predicado con la cópula. Aquel ya no será —como en Aristóteles— un individuo ni una categoría, sino un incorporal. Mientras el contenido de una proposición, lo significado por ella, nunca podrá ser un objeto o una relación de objetos.

El incorporal pertenece enteramente al pensamiento, pero no es un «objeto de pensamiento» ni de «estudio», sino la modalidad en que éste deviene. De tal forma, el predicado lógico de la proposición no diverge de los atributos de las cosas, en cuanto resultado (*efectuado*) de su acción.

Converge la continuidad material de las cosas, sus atributos, con el devenir y procesamiento de los verbos que roturan el campo del pensamiento. El lenguaje ya y para siempre quedará imposibilitado de cerrarse sobre sí mismo, así como las cosas sobre sus ojos ciegos e impenetrables.

La temporalidad, en los estoicos, se inserta en el corazón de los verbos a través del infinitivo. «Aiôn ilimitado»,[60] decía Deleuze, que siempre elude el

---

[60] En su renombrada *Carta a Heródoto*, Epicuro le comenta que «los átomos se mueven continuamente durante la

presente, aunque no la presencia, que es una dimensión completamente distinta.

El tiempo era uno de los incorporales. La controversia y el diálogo con la concepción de Aristóteles son obligados. El libro IV de su *Física* indaga el lugar y el tiempo (incorporales para el Pórtico). Apenas concluye con las consideraciones sobre el lugar, aborda las que tocan al tiempo. «En primer término, es conveniente cuestionarse, mediante reflexiones al alcance de todos, si pertenece a los entes o a los no-entes, y luego hay que preguntarse sobre su naturaleza».

Las argumentaciones son reducidas a una alternativa: el tiempo tiene que ser movimiento o algo ligado con dicha acción. Para ello hace un exhaustivo análisis del *ahora*, el *antes* y el *después*. Sin estos dos últimos, sería imposible hablar de tiempo. Y rubrica, entonces, que el tiempo no es movimiento, sino lo que está *relacionado* con el movimiento, «el número»[61] —la medida— «del movimiento según

eternidad». El término griego que corresponde a este desplazamiento contínuo en el tiempo es «aïon». Se trata de una eternidad movil y cambiante para estoicos y epicúreos. Es totalmente antagónica de la estaticidad e inmovilidad que caracteriza a las ideas platónicas.

[61] El concepto griego de número (*arithmos*) difiere básicamente del nuestro. Su sentido más lato y cotidiano está unido al de un acto concreto, el de contar, y éste a la percepción y huellas mnémicas. En cambio, el número como

el antes y el después». De modo que el tiempo será definido como el «nombre del movimiento».

Sus elaboraciones le permiten compatibilizar lo que investiga, porque si se mide el movimiento por el tiempo, éste será también medido por aquel. A los estoicos no les convence un círculo tan armónico que hace equivaler *extensamente* lo no corpóreo.

Crísipo redefine una definición inaceptable (que un incorporal sea un «nombre» lo convierte en cuerpo) y determina que el «tiempo es el intervalo del movimiento, o bien el intervalo que acompaña el movimiento del mundo».[62]

Así se abren dos perspectivas novedosas —no contempladas en la visión cotidiana—: el tiempo y el movimiento son cualitativos (no se confunden con la serie de instantes, ni con el recorrido o desplazamiento de un lugar a otro) e indefinidos, no pueden ser concebidos como limitados, «Aiôn ilimitado». El tiempo, «intervalo que acompaña el movimiento del mundo», que no puede ser sin él, hacen que mundo y tiempo no tengan ni comienzo ni fin.

Los recíprocos tienden a mostrar que no se pueden enfocar por separado. Por su parte, el tiempo

---

«producto mental» (las matemáticas como «poesía pura», al decir de Kant) se inicia con la práctica de calcular.

[62] Victor Goldschmidt, *Le systéme stoiien et l'idée de temps.*

en cuanto intervalo del movimiento es indetectable a través de cualquier cuerpo o medio físico. En eso consiste su irrealidad, su carácter de continuo y, por ende, su divisibilidad al infinito.

El mismo instante («lo estoy haciendo en este instante») pierde la entidad que posee en el tiempo cronológico, para tornarse, como señala Deleuze, «infinitamente divisible en pasado y futuro». ¿Y el presente? Es un existente paradójico, pues siempre es eludido y aludido. De otro modo sería una entidad presente, un cuerpo. Los estoicos lo admiten para negarlo.

Hay varios testimonios que lo evidencian. Stobeo, hablando de Crísipo, dice: «Él sostiene que sólo el presente existe; el pasado y el futuro subsisten, pero no existen en absoluto [...]; del mismo modo, como atributos, sólo de los accidentes actuales se dice que existen: por ejemplo el paseo existe para mi, cuando yo me paseo; pero cuando duermo o estoy sentado, él no existe»[63].

Pienso que el presente es aceptado para mantener la noción fundamental estoica de *tensión*. Su función es la de ser marcado por la tensión que mantienen el pasado y el futuro. Estos son el meollo del tiempo y como él son *incorporales*, es decir, no pertenecen al orden de la existencia. En cambio, el *presente tensivo* si existe y es corporal. Pero, por

---

[63] *Anthologium*, trad. de M. A. D'Hoste.

este motivo, *no* es tiempo ni se le puede tomar como infinitivo e infinitamente continuo, a la manera del pasado y el futuro.

El presente es el tiempo donde se realiza un acto, expresado por «yo me paseo». Sin embargo, hay que despejar equívocos. No se trata del instante en que se efectúa, pues dura tanto como el acto mismo. Diógenes Laercio remarca, mediante el incorporal que agrega, la existencia ilusoria del presente: «en el tiempo —aclara—, el pasado y el futuro son sin límites, pero el presente es limitado». O sea, es el límite fantasmal al que están adheridos como subsistentes el pasado y el futuro. Una modalidad donde se elucubra el tiempo para Séneca. En las *Cartas a Lucilo* reafirma, tras una minuciosa elaboración, el estatuto del presente concebido por los estoicos. Según su ejemplo, Catón es un cuerpo y el paseo también, pero «Catón se pasea» ya no es tal, sino una serie de estados enunciados sobre un cuerpo. Así, la proposición incorporal «Catón se pasea» pertenece a la *esfera incorporal* de la significación. La secuencia de afecciones de Catón al pasearse no son del orden de la percepción, sino del pensamiento.[64]

---

[64] El *incorporal* siempre debe situarse en el campo de la enunciación que no remite simplemente, como se cree a menudo, a la división entre enunciación/enunciado o metalenguaje/lenguaje objeto donde, a mi entender, queda en

El presente verbal (no proferido) que circula en el carril de la significación es vacío, inasible, límite entre dos insistencias que son determinadas, en sus «maneras de ser», rigurosamente. El pasado, donde ha finiquitado un acto, lo expresa el perfecto —«he paseado»— y el «habré paseado», un futuro que no le va a la zaga. Esta es la base de una teoría inédita del destino que revierte la concepción fatalista en cuyos brazos se acunó y acuñó la tragedia, y en cuyas manos los estoicos evitaron caer.

El tiempo en el Pórtico se juega en los verbos, en ellos deviene, «verdea», «mundea», «nadea», «pasea» sin pausa por sus laberintos, a través de predicados que no designan epítetos, sino acontecimientos incorporales.

---

suspenso la cuestión de la referencia en pro del mero referente (el objeto designado). La cadena de ejemplos de los pensadores antiguos se repite, ahí reside su importancia, sin cesar. Séneca ilustra el suyo «Ratón tiene una sílaba [en latín: *mus*]; el ratón roe el queso: luego la sílaba roe el queso». El atribuido a Crísipo es del mismo nivel: «eso que tu dices pasa por tu boca; tú dices "carro"; luego un carro pasa por tu boca». Finalmente, Clemente de Alejandría señala una proposición similar: «eso que tú dices pasa por tu boca, ahora bien: tú dices "casa", así que una casa pasa por tu boca». El campo que habita la enunciación no posibilita ninguna de las dos separaciones antes mencionadas, pues ella opera como una especie de *performativo* continuo, donde el verbo acontecimiental lo expresa en su plena singularidad.

Los *cuerpos*[65] están recogidos en sus distintas composiciones, ligados a sus propias transformaciones no son tocados por las proposiciones y los juicios que puedan hacerse sobre ellos; así quedan librados y liberados de guardianes no solicitados. De este modo emerge la rara figura de pensamiento, acorde y dispar con el de Epicuro, de un materialismo ejemplar, de esos que no sobran ejemplos.

APUNTES
Un destino no tan funesto y otras cuestiones

Apuntes que apuntan y apuntalan lo dicho en las páginas anteriores. Simples bosquejos que sugieren, en un diálogo por venir o sin él, al pasar lo que no termina de pasar. De ahí ciertas puntuaciones, carentes de síntesis, para dejar constancia de lo insistente en el extenso apartado inicial que fuímos desplegando.

Primer apunte, relativo a nuestro asunto. El *destino* en los estoicos es un nudo de causas (*nexus*

---

[65] Hay que subrayar, una vez más, que para los Estoicos todo lo espiritualizado cae bajo la noción de *cuerpo*, sea la palabra, el alma o Dios («Dios mismo es un cuerpo, un fluído que se expande a través de la totalidad del mundo», dice Aecio, y «extendido a través de la materia como la miel en los panales», agrega Tertuliano). La misma materia es un cuerpo, sólo que un cuerpo sin cualidades ni órganos.

causarum), pero no sólo eso, sino un nexo de causas primitivas, externas, desencadenantes, en realidad, causas aparentes desprovistas de eficacia.

Ahora bien, ¿en función de qué cuestiones fundamentales una noción esencial a Homero, los oradores del siglo IV antes de nuestra era, los trágicos —en particular Esquilo—, o que Platón trata en los mitos escatológicos (por ej. el del *Político*), se ha deslizado hacia los dominios filosóficos y del pensamiento estoico, donde caló profundamente?

¿Qué corrientes propiciaron su entrada? Todo señala a la Astrología, que relacionaba el movimiento celeste con el terrestre, mientras Platón y Aristóteles, negando ese vínculo, sostenían que cada mundo tenía sus leyes. Y, asimismo, la Teología astral, que formaba parte de la física, por la cuál Dios es el principio mismo de la cohesión, el que todo lo une y lo dispersa por las diferentes formas de lo real.[66]

---

[66] Las modalidades que le atribuyen a la divinidad estoica Diógenes Laercio, Plutarco, Tertuliano y otros, son de absoluta omniabarcabilidad y de una infinita variabilidad. Dios es uno con el mundo; es un fuego artífice; el más puro de los cuerpos; idéntico a la materia; espíritu inteligente; soplo y fluido vital que se desparrama en todo el universo. Y, por destacarlo en tres puntos: es el *logos* (que nada tiene en común con nuestra idea de «razón», «inteligencia», «discurso», etc.), el orden de la naturaleza, (*physis*, el brotar, la esplendente diversidad, la generación incesante, etc) y la necesidad suprema que entraña el destino.

¿El *Destino* deja su suelo natal —la mitología y la tragedia— para generar los enfrentamientos con otras nociones que, tradicionalmente, se le atribuyen?

En principio un opositor recalcitrante parece ser (la que mucho después se vuelve tal) la *libertad*. Pero esto no es así por un doble motivo.

El primero es que su entrada en el pensamiento clásico es posterior a la del destino. El segundo que la libertad en dicho pensamiento entraña un ideal humano —motor y finalidad de las acciones— indiscutible. Deleuze lo estipula claramente: «Hasta el punto de que la libertad queda a salvo de dos maneras complementarias: una vez en la interioridad del destino, como trabazón de las causas; una segunda vez en la exterioridad de los acontecimientos, como trabazón de los efectos».[67] Y de aquí se dispara una conclusión tajante y apresurada. Afirma el pensador francés: «Por esto los estoicos pueden oponer destino y necesidad», apoyándose en el *De fato* de Cicerón, un texto reacio al concepto

---

[67] Es indudable, por los motivos que mencioné, que la libertad no es objeto de debate. Sin embargo, Deleuze debía haber aclarado que esa «trabazón» o «nudo» de causas que conforman el destino estoico son causas *exteriores* y de ningún otro carácter. Si se tratara de la *sinéctica* o de las *efectuales*, ambas absolutas, el destino no tendría esa modalidad interminada que posee en el Pórtico.

de destino,[68] aunque desarrolla convenientemente otros aspectos de la doctrina estoica.

Segundo apunte, una discrepancia y una acotación.

La discrepancia. Cuando Deleuze asegura que los estoicos oponen destino y necesidad, se refiere, sin advertirlo, a Epicuro[69] y su confrontación con Demócrito. Por el contrario, el *destino* estoico va ligado al concepto de necesidad que tenía una fuerte raigambre en el discurso filosófico. La mutua implicación de ambos procesos no pone en cuestión a la libertad, y es verosímil que ni siquiera se ocupe de ella. Su interés pertenece a otro ámbito.

Ese *destino*, sin parentesco con el mítico-trágico, conectado íntimamente con la necesidad, expresa

---

[68] Para justificar mi aseveración basta un párrafo del *De La Naturaleza de los Dioses* de Cicerón. Ahí Vellio ridiculiza la filosofía estoica diciendo: «¿Qué se puede pensar de una filosofía para la cuál, como para las comadres ignorantes, todo parece suceder gracias al hado?».

[69] Con el fin de sostener esa tajante exclusión, Epicuro niega el juicio disyuntivo que se enuncia por la expresión «o bien» («O bien es de día, o bien es de noche») en los estoicos, lo cual no entraña rechazo alguno de la relación entre destino y necesidad. En cambio, al repudiar dicho juicio se dice que no está obligado a reconocer ningún tipo de necesidad, sea cual fuere su campo de enunciación. Mediante esa anulación judicativa Epicuro salda sus cuentas con Demócrito, y, quizás, las deja pendientes, especialmente, con los estoicos.

—en el plano físico— la coacción que ejerce un cuerpo sobre otro en el curso de su movimiento. Mientras que en el anímico —como fue señalado previamente— es la *phantasía* la que provoca nuestro asentimiento o disentimiento, librando estos actos a la «naturaleza» o a la «manera de ser y hacerse» cada cuál.

La necesidad concebida de tal modo queda al costado de cualquier determinismo, pues no presupone ninguna forma de realización. Sin embargo ello no desemboca en un desorden (caos negativo) generalizado, sino en un orden necesario, consecuencia de la *determinación* rigurosa de un movimiento por los otros, a la vez que conlleva una total *indeterminación* relativa a la dirección de esos movimientos o en cuanto al asentimiento que hacemos de nuestras representaciones. Así que, hasta el arribo de la mecánica newtoniana, no tiene sentido hablar o intentar establecer alguna forma de determinismo, puesto que el mundo anuda el azar con la necesidad en la danza de las mezclas corpóreas, los acontecimientos incorporales y el vacío que los envuelve.

La acotación. Marca de origen, ¿cómo y dónde se dio la problemática de la libertad? Surgió bajo varias modalidades, pero es tanto un término como una preocupación ajena a los estoicos. Es casi seguro que para este asunto se hayan seguido los ya citados *De Fato* y *De la Naturaleza de los Dioses* ciceronianos.

Al indagar el *clinamen*,[70] Epicuro introduce la famosa y eterna incausada oblicua, y, con ella, el problema de la libertad. Es el primero en invocarla bajo ese nombre, en una rotunda máxima: «el fruto más grande de la autarquía es la libertad».

Dicho fundamento no depende de nadie, ningún estado, deseo o temor lo define. Su ser es vacío, se encuentra en todos los cuerpos, permitiendo los pasajes y las mezclas entre ellos. Marx, en su tesis doctoral,[71] la señala como el eje de su pensa-

---

[70] Desviación de los átomos de la línea recta y, por lo tanto, punto de inflexión de la libertad. Los átomos —inclusive en el vacío—, según Epicuro, por su peso serían empujados hacia abajo, con igual velocidad a través de líneas rectas que descendían de arriba hacia abajo. Pero esto no daba cuenta de por qué podían mezclarse —y por lo tanto los cuerpos como «mezclas»—, haciendo imposible el surgimiento del mundo. De ahí la aceptación imperiosa, como dice Cicerón, de «un movimiento oblicuo, merced a causas fortuitas, y ello para toda la eternidad».

[71] Esto lo marca el Marx «retoño» (uso este término para ampliar la clasificación del Marx «joven», «de la madurez», etc.) en su *Diferencia de la filosofía de la naturaleza en Demócrito y en Epicuro*. Por el contrario, la «libertad de la autoconciencia», desde antes de Hegel, era aceptada sin objeciones como un patrimonio estoico. En la *Fenomenología del espíritu*, ese deslizamiento, por no llamarlo error perdurable, determina su abordaje del Pórtico, dando por sentado que «como es sabido, esta libertad de la autoconciencia, al

miento: «El principio de la filosofía de Epicuro no es pues la Gastrología de Arquéstrato, como piensa Crisipo, sino el carácter absoluto y la libertad de la autoconciencia [...]».

¿Y quién le sustrae al hombre la posibilidad de su libertad? Obviamente, el destino. Así se instaura la antinomia entre destino y libertad. Por eso fue necesario dilucidar que ese destino —fatal y funesto— no era el que alentaba la concepción estoica, basado en una causalidad primitiva, indeterminada, salvo de un movimiento inicial, necesario, nuevamente desencadenante, que de nada era responsable.

Tercer apunte. Una deriva sobre la problemática de la representación (*phantasía*) puede significar un apoyo imprescindible para afinar la relación entre causalidad y ética, así como de todos los aspectos que van interviniendo y coloreando las distintas esferas (física, lógica, dialéctica, etc.) de la filosofía estoica y sus conexiones.

En otro lugar ya fue señalada la insuficiencia de traducir *phantasía* por representación. A menudo una buena traducción se caracteriza, o debería hacerlo, por no traducir. Este podría haber sido uno

---

surgir en la historia del espíritu como su manifestación conciente, recibió el nombre de *estoicismo*». Hubiera sido pertinente, como no es sabido, poner el nombre de *epicureísmo*.

de los casos, ya que ambos términos tienen escasos aspectos en común. De todos modos, es preciso destacar algunos de sus rasgos, porque vinculada a ella funciona la *teoría del asentimiento* y la paradoja de un destino indeterminado que convoca al sujeto desde su responsabilidad en singular. Para su *destinación*, el «todos somos...» culpables u otra cosa sólo es la coartada de un poder cuya estrategia es la de vaciar sistemáticamente las determinaciones inexcusables de sus actos. O dicho en otras palabras: de legalizar, por anticipado, la impunidad como norma.

La *phantasía* o representación (en adelante haré uso indistinto de ambos términos) reproduce el objeto del cual proviene —como dice Cicerón— bajo una estricta prohibición: «no puede expresar aquello de lo cual no proviene». Su cometido es el de reproducir al objeto específico, en el cual se origina, para convertirse en su doble, que presenta la ausencia del objeto. Reproducir es, entonces, sinónimo de sustituir. En tanto, la sustitución no es una simple, ingenua e imprescindible operación que responde a la necesidad de conocer el mundo y el *ánima* («soplo vital», estado de animación), sino que apresa, captura de manera fantasmática lo que toma del objeto y hace valer como totalidad del mismo. Un efecto indeseado es la inevitable totalización.

Desde otra perspectiva, el estoicismo ofrece una

serie de variaciones sobre el asunto. Complementaria de la representación surge una afección (*pathos*) «que se produce dentro del alma y que se expresa a sí misma al mismo tiempo que al objeto que la ha provocado», como formula el Seudo Plutarco.

También fue tomada como una impresión que, en realidad, generaba un equívoco, pues «impresión» no debía entenderse como que algo se graba en una materia determinada (Cleantes ponía como ejemplo de impresión los estampados que dejan las sortijas sobre la cera), sino como una «modificación del alma», según la definía Crísipo.

La representación, en cuanto afección, muestra la doble cara de la auto-expresión del alma y la representatividad del objeto por sus conductos. A la vez que entraña una modificación del alma, puesto que tanto uno como otra poseen, naturalmente, una tensión propia, común a todos los cuerpos.

Pero ello no autoriza a deslizar un dinamismo constituyente en la base de todo mecanismo físico o anímico. No existe un movimiento autónomo de la representación, más bien ella tiende sus redes de captura en un estado de total pasividad, como lo evidencian las nociones de impresión o afección.

Esto no pretende negar que la representación tenga movilidad. Por el contrario, la posee y con gran labilidad, pero, en sintonía con E. Brèhier,[72]

---

[72] *Chrysippe et l'ancien stoïcisme.*

no se la puede convertir en un principio. Y menos
en un principio constructivo, según mi apreciación,
del conocimiento y su sujeto u otorgarles el rango
de habitantes del inconsciente,[73] como ordenaba la
mansa costumbre, subvertida hacía más de dos mil
años por los estoicos.

En este rápido boceto surgen voces como «apresa», «toma», «captura», ínsitos al rol de la representación, puestos de manera enfática, no remiten
a ninguna cadena metafórica. Constituyen el «alma», la función misma de la *phantasía* y su futuro
anticipado.

Los «inventores de paradojas» son, ahora, los
que nombran con precisión inigualable el espectro
de la representación y su funcionamiento.

Los estoicos diferenciaban dos tipos de representaciones. A propósito de ellas, Diógenes Laercio aclara: «Entre las representaciones, unas son
comprehensivas y otras no comprehensivas. Afir-
man ellos que la representación comprehensiva es
una perspectiva de las cosas, un signo, una marca
que procede de lo que existe y de acuerdo con lo
que existe».[74] La otra es su opuesto discordante y

---

[73] Para un desarrollo del carácter y función de la representación, independiente, pero afín, del señalado en estos
apuntes, me permito remitir a mi libro, *La problemática de
la subjetividad. Un ensayo, una conversación.*

[74] *Vidas y opiniones de los filósofos.*

no nace de algo existente. De ésta casi no se han ocupado, ya que es irrelevante para una teoría del asentimiento. La fundamental es la *comprehensiva*, y es la que absorbe todo el interés del Pórtico. Para unos es activa, en el sentido de que permite comprender la realidad y ser acorde a sus modalidades. Por eso le damos nuestro asentimiento. Para otros es pasiva. Una representación no es comprehensiva porque le demos nuestro asentimiento, sino que le damos nuestro asentimiento porque ella es comprehensiva.

La puesta en escena de Zenón de Citio, relatada por Cicerón, es harto ilustrativa. Haciendo un gesto mostraba su mano con los dedos extendidos diciendo: «ésta es la representación». Después los contraía levemente y sentenciaba: «éste es el asentimiento». A posteriori cerraba totalmente el puño y exclamaba que ésa era la comprehensión, a la que dió el nombre de *catalepsis*, apresado, asido, capturado, y, en el límite, secuestrado. *Catalepsis*, término que no fue utilizado antes del fundador del estoicismo.

Entonces, es casi obligado preguntarse más allá del clima estoico, qué atrapa, de qué se apropia la representación. Unas breves respuestas.

Apresa una imagen-señuelo que vacía al objeto atrapado en función de conocerlo, manipularlo, hacerlo útil o desechable. A la vez que succiona la realidad que le atribuye a la supuesta «objetividad» del objeto.

Por otro lado se apropia de una imagen, también vacía, para redoblar un objeto ya muerto. Pero éste renace como el fantasma adecuado que da vida propia a la representación.

Tanto su aliento como su verdad han celebrado un acuerdo irrevocable con la pasividad. De ahí las «pasiones tristes» de un pensamiento capturado y llevado por las bridas de las representaciones.

Es irrebatible que la vida cotidiana, las realizaciones artísticas, los procesos de conocimiento, las exigencias de la comunicación, etc., las requieren con urgencia y es imposible moverse sin ellas. Pero lo que aquí se apunta no se refiere al «sin ellas», sino a la reducción habitual del *sólo con ellas* que abunda en los distintos campos y disciplinas debidamente representados por sus objetos de estudio, sus métodos de abordaje y sus legiones de expertos.

Último apunte. Retomemos, ahora, el ejemplo del cilindro y el cono que utiliza Crisipo para ilustrar, en el campo físico, lo que la representación opera en el anímico. En ellos se manifiesta tanto la autonomía relativa del móvil, como del sujeto, pues ambos determinan sus trayectorias y decisiones de un modo singular.[75]

---

[75] A menudo, a este «singular» se lo ha designado como

Las trayectorias del cono y el cilindro no son ni libres ni aleatorias. Se determinan por las características físicas de los cuerpos en movimiento. Y es esa determinación constitutiva la que estatuye la autonomía del móvil, una vez que una causa desencadenante lo ha impulsado. A partir de ahí cada uno «reacciona a su manera» y es «por su propia naturaleza [extraña a toda concepción naturalista o instintual] que el cilindro rueda y el cono gira», como recalca Cicerón en *De fato.*[76]

«individual», para deducir de ahí la «individualidad» del pensamiento estoico o epicúreo. Esta cristianización de la *krinein* (decisión) y la *krisis* (análisis) sólo habla de una traspolación ocurrente y una extrapolación sin miramientos. Los griegos, y más los clásicos, podían pensar en cualquier otra figura, pero jamás en la de un individuo completo y aislado.

[76] Los griegos y romanos no tenían ningún problema en poner el mismo título a un libro. El disenso lo jugaban en los desarrollos argumentales y en las elaboraciones conceptuales. La *representación* se la cedían a los aurigas o al circo romano.

Alejandro de Afrodisia, en su *De Fato* (de igual nombre es el del Pseudo Plutarco, y quizás haya algún otro), dice que en lo que corresponde al asentimiento (no «libre arbitrio», como lo vuelca la versión teo-cristiana, sino «lo que depende de la naturaleza de cada uno») estoico todo es necesario, cada ser vivo, animado o inanimado, reacciona en función de su naturaleza específica y de su peculiar devenir. Justo lo antagónico del libre arbitrio, la libre elección o la libertad para ser lo que se desee.

El ejemplo deja al descubierto que los griegos ignoran el principio de inercia. Pero esa ignorancia, docta en su desconocimiento, abre la posibilidad de pensar la urdimbre consistente de una ética tramada con una estética, una epistemología y una política, cuyas virtudes estriban, precisamente, en el trazado de sus fronteras.

Para rubricar este comentario, ¿qué quiere decir que cada cuál reacciona según su naturaleza?

Lejos ya de cualquier naturalismo o ceguera instintiva, la reacción se produce ligada a esa «naturaleza» singularizada (uno huye ante un incendio, otro intenta apagarlo, pero ambos asumen que el daño es de significación colectiva) como un resultado, no a la manera de un ser estático. La «naturaleza de cada cual» es el resultado de nuestras condiciones sociales, hábitos, costumbres, formas de inserción comunitarias y demás respuestas que nos hace responsables del carácter de nuestros actos. Y que las creencias, opiniones,[77] deseos, convicciones, hábitos, condiciones sociales, son nuestras —en el sentido en que lo es una casa o un martillo—. Los

---

[77] Marco Aurelio, en sus *Soliloquios*, alienta a que se las deje de lado: «Rechaza la opinión —dice— y estarás salvado. ¿Qué te impide pues rechazarla?». En las democracias actuales, por el contrario, se las alimenta como sustituto perverso de la participación ciudadana, donde ésta queda efectivamente neutralizada.

actos realizados «dependen de nosotros mismos»: éste es el fundamento de la libertad, que no está en cuestión.[78]

Entonces, ¿por qué la asunción ética de nuestros actos, responsabilidad indelegable, es el fundamento de la libertad? Porque para una filosofía de la liberación, ésta no puede tener como postulado originario a la libertad, pues ella es siempre algo a conquistar y no pertenece al mundo de lo dado.

La responsabilidad nos libra de la impunidad globalizada, mientras evita que nos convirtamos en los «pálidos delincuentes» que repugnaban a Nietzsche, en caricaturas que no están a la «altura de sus actos», víctimas de sí, victimarios de los demás.

Todo acontece según un destino causal, pero consideramos que esa urdimbre de causas no legisla ni tiene poder directriz sobre el sujeto. En cuanto serie de eventos exteriores, el hado provoca en nosotros un sinnúmero de representaciones con las que acordamos o no. El registro de su pasividad siempre

---

[78] Epicteto, en *Conversaciones*, dice: «La libertad no sólo es muy bella sino también muy razonable, y nada hay más absurdo e irracional que concebir apetencias temerarias y querer que las cosas ocurran como las hemos pensado. Cuando estoy por escribir el nombre de Dion, es preciso que lo escriba no como se me ocurre, sino tal como es, sin cambiar una sola letra. La libertad consiste en desear que las cosas ocurran, no como a ti te agradarían, sino como ellas ocurren».

las hace funcionar como «causas próximas», nunca como «causas determinantes». De modo que el *destino no tan funesto* deja de ser una potencia fatal y coactiva que prefigura un final del que es imposible escapar. Es más, en el *destino* estoico no hay de qué huir, ya que ninguna representación, por más omnímoda que sea, puede sobornar el acuerdo con sus dictados, salvo que muerda en la «impresionable» y voluble naturaleza de nuestro propio asentimiento.

INTENSIFICACIONES

Semblanza

Bertrand Rusell —en *Misticismo y lógica*— decía jocosamente: «La Ley de causalidad [...] es una reliquia de tiempos pasados que, al igual que la monarquía, sobrevive por la errónea suposición de que no hace daño». Con el tiempo se confirmó que la broma no era tal y que la suposición era totalmente errónea. Bajo la ocurrencia analógica entre la ley de causalidad y la estructura de gobierno monárquico, creo que se ocultaba una grave advertencia ética y epistemológica. Podría ser, por ejemplo: que mediante la ley de causalidad se tienda a buscar «causantes», «culpables», por cualquier lado. Así se estima que conocer algo será siempre asignarle una causa a cada cosa, lo cual nos hará emitir un juicio acorde con la naturaleza de esa cosa, *naturalizando* la capacidad de juzgar como si fuese la entelequia misma de lo real. Parecería que un conocimiento adecuado, correcto, nos hace básicamente buenos jueces y no pensadores activos, practicantes eficaces o investigadores curiosos. No es raro, entonces, que en un universo regido por las explicaciones causales se obnubile la capacidad de sorpresa, la pasión por el descubrimiento, se achate el afán de indagación, el placer de interrogarse, y que los jueces de distintas profesiones, «sepan todo —como ironizó A. Breton—, pero nada más».

Las cuatro causas que exploró y *tipificó* Aristóteles han sido homenajeadas con distintos tonos en los miles de tratados que se escribieron sobre el problema de la causalidad. Sólo se las menciona, pues están sobrentendidas, es decir, totalmente malentendidas, en cualquier texto que se ocupe del *tema*.[79] Están supuestas al discutir el «principio de razón suficiente», el de «sobredeterminación inconsciente» o el de «causalidad psíquica» en psicoanálisis, el de «pluralidad causal» —con o sin causa jerarquizada—, el de «causalidad estructural», el de «causalidad recíproca» —lineal o no— en varias disciplinas, etc. Y, por lo tanto, serán habitantes familiares de estas reflexiones.[80] Sin embargo, antes de considerar el asunto desde mi perspectiva, es in-

---

[79] Ya me extendí sobre el particular en mis notas personales *Causas a la carta*.

[80] En las mismas quedan sin tratar aspectos que tendrían relevancia en otro marco, y que aquí son laterales, tales como el de la vinculación, por ejemplo, de la causalidad con la predicción y la legalidad.

La idea de *predicción* estimo que puede sustituirse felizmente por la de anuncio o vaticinio, según el caso a investigar.

La noción de *legalidad*(es) está supuesta en todos los tramos del trabajo. Se trata simplemente de *órdenes implícitos* —no implicados en ley alguna— de los fenómenos indagados. Por lo tanto la(s) legalidad(es) estudiada(s) en un campo son parte del mismo y no necesitan considerarse como *ordenadores especiales* de sus componentes.

teresante desatar el nudo conflictivo que representó para el pensamiento moderno y sus confines, ya
que se encuentra ligado, por excelencia, a la cuestión ética. Ese nudo no es un *nudo marinero*. No
aprieta hilos conductores sino despliega argumentos repetidos en la actualidad, lo cual muestra que
la actualidad está repleta de astillas del pasado.

LA PUGNA EN LA MODERNIDAD
Un boceto imprescindible
Simultaneidad ética y gnoseológica

Para el empirismo temprano —que afirma la simultaneidad ética[81] y gnoseológica—, las «ideas simples» provenían[82] de la experiencia y circulaban por distintos canales. De un solo sentido, como

---

[81] No sería una ocurrencia marcar la semejanza que hay entre el ejemplo del cilindro y el cono que usa Crísipo y el del prisionero que vuelca Hume en su *Tratado de la naturaleza humana*. Ambos hacen copertenecientes el mundo físico y ético. Una vez impulsados por una causa externa (un golpe), las trayectorias del cono y el cilindro dependen de la *naturaleza* de cada uno. De ahí que no pueda darse *cualquiera* de manera libre y aleatoria. Lo mismo pasa en el mundo ético. El sujeto debe ser responsable de su «manera de ser», pues él la fue constituyendo a través y atravesada por múltiples condicionamientos, elecciones e historias. Hume, en el mencionado *Tratado*, arguye que el prisionero cuando marcha hacia el patíbulo «prevé su muerte como la consecuencia obligada de la constancia y la lealtad de sus guardianes, y tiene de ello una certidumbre tan indudable como del efecto de la operación del hacha o de la rueda». No existe diferencia de *naturaleza*, sino de método y devenir ético, entre la convicción moral y la certidumbre física. Más adelante señalaremos esa *diferencia*, que no afecta a la similitud de naturaleza que caracteriza el vínculo.

[82] Esta idea de *procedencia* es de gran complejidad, ya que se conecta con la de experiencia, sentido común, subjetividad, etc. No es lo que parece a simple vista, aunque sea lo que impacte a primera vista.

los colores y sonidos. Por diferentes vías, como las ideas de reposo, extensión y movimiento. Caminos originados sólo en la reflexión, como la percepción o la voluntad. O senderos mixtos compuestos de reflexión y percepción, como el placer o el dolor.

Sobre esas ideas simples se armaban las ideas complejas, único y sobresaliente instante donde el proceso de pensamiento es activo, positivo, pues a partir de tales ideas aquél podrá compararlas, asociarlas y reproducirlas continuamente. *Acto de comparar*, o sea actividad metódica. *Acto de asociar*, es decir actividad de diferenciación. *Acto de reproducción*, que vale como actividad de transmisión. Tres actos, actitudes, ligadas a tres actividades que operan a través de tres mecanismos.

Primero, el que combina muchas ideas simples en una compuesta. Arte de la composición y no ceguera de la mixtura. *Segundo*, el que impulsa la yuxtaposición de ideas simples o complejas. Arte de los ensambles y no miopía de los amontonamientos. Y *tercero*, el que modula la abstracción, por la cual se extrae una idea en particular de todas aquellas que la acompañan. Arte de la colección y no arrebato fragmentario.

Una idea puede ser escogida porque forma parte de una *colección* amplia de cosas (no se trata, p. ej., de una *analecta*, que recoje obras literarias), composición de un conjunto indeterminado de percepciones, ideas o escenas teatrales. Pero no existe ninguna evidencia de dónde trascurren esas *otras escenas*, pues no poseemos «el más remoto conocimiento —afirma Hume en el *Tratado*— del lugar en que se representan dichas escenas, ni de los materiales que lo constituyen».

Esa *colección* rehuye, de entrada, ser asimilada a la noción de *sistema*. Es un conjunto excedido, siempre autodesbordado, imposible de definir, es decir, de convertirlo en definitivo, que Hume denomina *imaginación*. Y tanto en el plano del entendimiento como en el de la moral, la imaginación es un vértigo del que no podemos sustraernos.

El rasgo destacado de este espectro artístico-ético-gnoseológico lo plasmó D. Hume, y si nos detenemos en su colorido «impresionismo» es porque más allá de acuerdos, cuerdos y desacuerdos, nos impresiona hasta el punto de hacemos pensar todo de manera renovada, impresionante.

Las ideas simples —nombradas arriba— no pueden apoyarse entre sí, por lo tanto encuentran su respaldo en otros universos asintéticos.

Éstos son poblados por las impresiones, de las cuales las ideas simples son meras copias o marcas de marcas (herencia que asimilan el psicoanálisis y la fenomenología) que insisten una vez que las impresiones —de color, sonido, «percepciones que penetran con más fuerza y violencia»— han cesado.

Sin embargo, cabe preguntarse cuál es la actividad que va componiendo las ideas simples. Ella es un proceso de diferenciación en todas sus gamas o, como ya fue dicho, un complejo acto de asociación (condición de unión de las ideas, no «cualidades» de ellas). Es una regla de la imaginación y expresión de su continuo sobrepasamiento, un movimiento que posibilita que todas las ideas sean separables, sujeto a tres dimensiones que condensan la problemática moderna de la causalidad.

La primera demanda la *semejanza*, acción relativa por la cual un objeto es comparable con otro.

La segunda entraña la *contigüidad* temporal o local que poseen los objetos de un vínculo causal.

Y la última requiere la *conexión* causa-efecto.

Enseguida nos ocuparemos de ésta, ya que es el núcleo de la cuestión. Pero antes un señalamiento. Indudablemente esas tres claves eran una reacción atendible contra el «causalismo racionalista» que estipulaba que todo hecho tenía como adherido una causa del cual constituía un efecto irrecusable.

El comienzo de la matematización del mundo con Descartes es, también, la de falta de coincidencia entre lo representado y la representación. En *El mundo, o tratado de la luz* marca esa desemejanza entre ambos fenómenos, ya que «puede haber una diferencia entre nuestra sensación de la luz (p. ej. la idea que se forma en nuestra imaginación por mediación de nuestros ojos) y lo que está en los objetos que produce esa sensación en nosotros (p. ej. lo que está en la flama o en el sol llamado "luz") [...]».

De modo que la concepción del conocimiento basada en la percepción cae estrepitosamente. La vista no sólo engaña, sino que no puede ser la vía regia para el conocimiento de los fenómenos y los principios de su poder, que pasa, ahora, al universo de las matemáticas y su progresiva formalización.

La representación[83] se cuela en el reino de lo exacto, y se libra de la percepción, comenzando a formar parte de una «psicología del espíritu» que puede acreditar el blasón de la *cientificidad* frente a su rival imaginario, la «psicología de las afecciones».

Las causas de las representaciones se pueden dar matemáticamente en términos de *leyes de movimiento*, mientras que las sensaciones, impresiones o diversos tipos de afecciones (p. ej. las pasiones) no tienen ninguna posibilidad de formulación matemática.

Explicar las relaciones causales asimétricas partiendo de leyes es el nudo gordiano que mantiene atada una de las preocupaciones centrales del siglo XVII.

---

[83] Descartes la denomina *imaginación*.

Pero el racionalismo cartesiano choca contra un muro, el de sus propias exigencias. La conversión (*regressus*) de los efectos a las causas, base de una demostración convincente, obligaba a que las *causas próximas* debían estar en correspondencia cada una con su efecto propio. La imposibilidad está servida. ¿Cómo explicar que varios efectos lo son de una sola causa, o que un solo efecto lo es de varias causas? O algo todavía más inquietante, ¿cuáles serán sus *efectos* morales? ¿Quizás una ética de causas, causantes, culpables, por habernos dejado guiar por nuestras afecciones y no por el «discurso metódico» de la divina providencia?

Sin embargo, Descartes aparta la cuestión retornando a lo suyo, o sea, hay plena *certeza* de que las causas se pueden *probar* (con la prueba de Arquímedes como sostén) a partir de los efectos. Aunque deja sin probar, ni explicar o demostrar, cómo se pasa de los efectos a las causas. Sólo estampa una conclusión *muy* racional, «de ello no me cabe ninguna duda», más «no puede hacerse en pocas palabras». Hasta hoy el silencio las acompaña.

El fracaso del retorno de un efecto a su causa o viceversa, es también el de la explicación, demostración, prueba, del *pasaje* entre ambos procesos. Pero, fundamentalmente, es el fracaso de la representación como garante de la necesidad y universalidad de la travesía.

Ese intrincado nudo gordiano, que mencionaba antes, es el que tratará de dejar en suspenso Hume. Y lo hace a propósito de la *conexión necesaria*, uno de los tres principios de la asociación.

El mismo espíritu, con diferentes miras, guió el rechazo de Spinoza hacia todo «origen» y «finalismo» de los devenires sustantivos. En el mismo sentido apuntaron las críticas de Marx[84] así como las más próximas y fugaces de Foucault, Deleuze o Derrida al principio de la causalidad.

Para el empirismo pujante, la causalidad es una idea relacional (desarrollada por Locke en su *Ensayo sobre el entendimiento humano*), ya que pone en relación un objeto *a*, causa, con uno *b*, efecto, de manera global. Es decir que las relaciones causales operan entre dos objetos y de ningún modo —como, por ejemplo, en el «inmanentismo causal» spinozista— entre afecciones sustantivas, atributos y potencia generativa.

Lo que resalta, entonces, es la linealidad y direccionalidad de las secuencias causales. Poco im-

---

[84] Para Marx, en esto discípulo de Spinoza y Hegel, la causalidad era una «vacua abstracción» — aspecto que ignora totalmente la mayoría de sus seguidores. Una relación estrictamente causal, para él, sólo era detectable y aportaba elementos de análisis decisorios en situaciones límites, «durante las crisis». Su extensión a cualquier caso y momento fue siempre un «privilegio de las cabezas huecas». Y su número nunca fue escaso.

porta después que se hable —aplicando el mecanismo de la división o agregación— de «pluralidad
de causas», «divergencia» o «convergencia» causal,
o lo que se desee tipificar. Para ligar expresamente dos objetos, estados o procesos, es preciso aceptar, de acuerdo al sentido común, una contigüidad
de los términos en juego. Y, además, una sucesión,
un *antes* y un *después*, para poder afirmar que algo ha sido causa de otra cosa. Ambas nociones —
contigüidad y sucesión— el dogmatismo gnoseológico las disolvía en la idea de *conexión necesaria*,[85]
por la cual «todo lo existente tiene necesariamente una relación causa-efecto». Así, ciertas formas
de legalidad, contempladas las causales, elevaban
el nexo entre algunos fenómenos al rango de afirmación universal. Falsa adjudicación para los empi-
ristas, tanto intuitiva como demostrativamente. De
modo que, si no surge del conocimiento inmediato
ni por demostración científica, deberá existir una
tercera senda que la haga creíble. Ella será la experiencia que nos permite inferir los efectos de las
causas por dos operaciones distintas: la percepción
inmediata, sea de nuestra memoria o de nuestros
sentidos; o por inducción de las causas, que nos
posibilita llegar a un objeto visto o recordado.

En la *inferencia*, para Hume, radica la naturaleza de la relación causal. Ella es válida sólo para el

---

[85] Ver Apéndice I.

sistema del entendimiento. Otro tanto ocurre con la asociación que entraña, para el conocimiento, un mecanismo constitutivo de lo humano.

Sin embargo, no pasa lo mismo con la práctica ética. En ella no hay nada que *inferir*. Por el hecho de que alguien reparta una comida en partes iguales no podemos *inferir* que sea una persona justa.

A nivel del entendimiento la inferencia es capital porque se procede *partes extra partes*. La relación entre ellas funciona para ligar elementos exteriores unos a otros. La *parcialidad* los define.

La práctica ética realiza inmediatamente a las partes integrantes. Aquí la *participación* los caracteriza.

La distinción de planos (gnoseológico y ético) afecta, retomando la indicación que hice al principio, a la forma metódica de abordaje, pero no a la naturaleza humana, donde ambas prácticas *participan* en un régimen de similitudes diferenciales. Es del modo antes indicado como habla la experiencia, diciendo que «recordamos haber tenido con frecuencia muchos casos de existencia de una especie de objetos y recordamos que los individuos de otra especie de objetos los acompañaron siempre y que existieron los segundos respecto de los primeros en un orden regular de contigüidad y sucesión». Un ejemplo sucinto, aunque complejo, de esto sería el fuego como causa del calor o el frío del congelamiento.

Así vemos que la mencionada conexión necesaria entre una causa y un efecto se establece por semejanza y contigüidad en una experiencia determinada. Dicha experiencia sólo nos dice que la idea de unión constante o permanencia de un objeto *a*, tomado como causa, y otro *b*, considerado como efecto, solo se basa en lo *habitual*, en la costumbre.[86]

---

[86] La experiencia, en el empirismo de referencia, no se reduce jamás a «mi» experiencia o a la «experiencia en general», sino comprende al mundo real, imaginario e imaginado «donde el hombre actúa y al cual debe estar ligado firmemente». De manera que las creencias, ilusiones, ceremonias, tradiciones, saberes comunitarios y de cualquier otro tipo, pertenencias grupales e institucionales, un «mundo simbólico» local o regional, un definido «conjunto de prácticas», etc., compondrán lo que se denominará «experiencia». Sin embargo esta experiencia-base no es suficiente para ser elevada a fuente, origen, procedencia, raíz o lo que se quiera establecer como principio del conocimiento, los razonamientos que puedan llevar a él no se dan de manera inmediata, ni parten de la experiencia misma. Es preciso que el entendimiento recurra a un principio diferente al de la experiencia para poder sacar conclusiones acerca de la misma experiencia. Y éste es el *hábito*, que está entretejido con la experiencia formando parte de sus tramas.

El *hábito* es ajeno a la idea de una repetición ciega, puesto que la repetición de casos semejantes nos congela en la igualdad, sin posibilitarnos las diferencias. Aquél rehuye conver-

Y que tal relación se da por asociación, refor-

---

tirse en una monótona serie de cantidades idénticas. Sus modulaciones, particularidades y estilos son los *habituales*, extraños a cualquier reiteración mecánica.

Así, mediante ese proceso, la imaginación se torna *creencia*, ya que se da una *transición acostumbrada* de un objeto a la idea de otro.

De ese modo se abre un doble ramal. Por un lado, el entendimiento puede reflexionar sobre la experiencia, transformando a la *creencia* en un acto legítimo del entendimiento. Posibilitando que en éste —como dice el Hume del *Tratado*— la memoria, los sentidos, la intelección, etc., se fundan en la energía de nuestras ideas, en la exuberancia de la imaginación y sus producciones.

Por otra parte, el *hábito* se combina con la experiencia, en la medida en que genera la idea de un objeto mediante la imaginación, no por los conductos del entendimiento. La unidad del hábito y la experiencia no es un dato, no está dado de antemano, sino que debe ser motivo de un continuo procesamiento.

Lo mismo ocurre con la creencia, esa «idea viva», «sentida más que concebida» (*Tratado*), «transferencia constante del pasado al futuro» (*Investigación sobre el entendimiento humano*), donde, también, hace pie la relación causal o «tendencia generada por la costumbre», esa «gran guía de la vida humana», sin la cual todo quedaría descolocado.

Mediante estos procesos se va desmontando la experiencia hacia la síntesis que la valida en distintos planos, como experiencia de conocimiento, experiencia cotidiana, en suma, experiencia ética y de vida. Simultáneamente de ahí surge una orientación que prescribe sin prohibir: *el pasado es una regla del porvenir*. Otro modo de nombrar, lo que siempre será una *futura antigüedad*.

zada por la repetición de la experiencia, siendo esa repetición la que fortalece la *creencia* (transferencia constante del pasado al futuro mediante una operación de la fantasía unida a ella) en que la relación se dará siempre de manera ineluctable. De modo que al estar «mediada» por la experiencia la idea de conexión necesaria (por ejemplo, entre golpe y tumefacción) no es cierta intuitivamente. Y, al estar «moldeada» por la creencia, no es pasible de una demostración válida.

Por lo tanto, lo único convincente es la *probabilidad* que Hume denomina «filosofica» o cálculo de probabilidades. Pero junto a ellas coexisten, y según el caso actúan con más fuerza, las *probabilidades no filosóficas* basadas en las creencias que forman un catálogo de reglas generales, donde dormitan conjuntamente opiniones y prejuicios (p. ej., los latinos son alegres, los sajones tristes, ...). Más allá de las fijaciones de sentido que generan las creencias, son monumentos testimoniales de los actos de la imaginación que las modelan, usándolas para sus veloces y expansivas invenciones.

En condiciones específicas, dicha probabilidad, establece la necesidad de la conexión entre *a* y *b*. Esto queda probado cuando constatamos lo siguiente: si la asociación habitual entre dos fenómenos es débil, la probabilidad decrece, y la creencia en que un objeto es causa de otro se debilita hasta llegar a desaparecer. En caso de que esto no ocurra entonces lo que se diluye es el imperio universal de la idea de conexión necesaria, pues se torna residual por la falta de credibilidad.

El rechazo de la teoría de la causalidad —no de la causación como una posibilidad determinística más— provocó, a su vez, intentos de refutación que perduran hasta hoy. Interesa sobre todo uno, el kantiano, porque se liga la problemática causal a la cuestión ética sirviéndonos el conjunto como un amplio preámbulo de la perspectiva que esbozaré después.

CATEGORÍAS
Los senderos se bifurcan

La crítica del enfoque empirista o «relacional» se da en un punto nodal del ejercicio constructivo que realiza la *Razón pura* en Kant, cuando indaga las *Analogías de la experiencia.*[87] Sabemos de la complejidad e importancia epistémica que tiene la noción de analogía. En algunos casos es mayúscula, ya que alrededor suyo se han constituido imponentes sistemas de pensamiento, por ejemplo, el de Santo Tomás de Aquino. De ahí que su relevamiento siempre será pertinente. Por eso, en las *Analogías de la experiencia* se criticarán ambos conceptos.

La «experiencia» dejará de ser un ámbito de acciones habituales, creencias, interlocuciones acostumbradas y pertenencias reales impulsadas por la imaginación. Será, en cambio, un expansivo «sistema de leyes». Y las *analogías* no comportarán una sucesión de impresiones basadas en la semejanza, sino que designarán «cualquier tipo de proporción», o sea, la posición correspondiente que los diferentes fenómenos ocuparán en el espacio y en el tiempo. O, dicho de otro modo, la relación objetiva de la coincidencia y sucesión que mantienen entre sí dichos fenómenos. La analogía será, entonces, una *ley de correspondencia* entre distintos eventos.

---

[87] Ver Apéndice II.

Allanado el camino de las diferencias, ellas se limitan a tres tipos: *permanencia, causalidad* y *acción recíproca.*[88] Por la primera suponemos que el espacio y el tiempo no pueden ser percibidos, pues de otra manera el cambio sería imposible.

La segunda indica un programa independiente de las otras dos, en el que vale la pena detenerse un instante. Kant comprendió que ni la «causalidad» ni una «causación restringida» podían agotar la cuestión determinística (más allá del «determinismo» que es una concepción como cualquier otra) y las complicadas modalidades que adopta según el estrato donde sea pensada y utilizada.

Por eso inserta una tercera, la acción recíproca (*Wechselwirkung*),[89] que funciona conectando simultáneamente a los diversos existentes. Así establece la ley fundamental de la coexistencia, en su afán por evitar el reduccionismo causal.

Finalmente, la causalidad especifica que, al relacionar un objeto *a* (causa) y otro *b* (efecto), la transición de *a* a *b* no es arbitraria, caprichosa, como lo sería en un sueño o en una fantasía, sino que *b* sigue necesariamente a *a* y no puede serle previo.

¿Qué pasaría si no operásemos sobre la sucesión temporal entre *a* y *b*? Lo siguiente: no podríamos

---

[88] Ver Apéndice III.

[89] Según el contexto, *Wirkung*, en alemán, significa acción, como en este caso, o efecto.

afirmar que un estado sucede a otro sino que una aprehensión sigue a otra, lo cual impone un *criterio subjetivo* al *conocimiento objetivo*. Esta supuesta paradoja señalaría que, en definitiva, no se trataría de conocer un objeto en cuanto fenómeno, sino de ser impresionado por un conjunto indeterminado numéricamente. Ello marca, entonces, que no somos nosotros los que regimos el orden de sucesión de los objetos ya que, si el asunto fuese así, sería de aprehensiones subjetivas y no de conexiones necesarias de lo que estaríamos hablando.

Se puede notar cómo al introducirse la causalidad se desliza, paralelamente, la subestimación de la subjetividad y la exaltación de la objetividad como *fetiche* de los procesos de conocimiento, los que por otro lado se limitan a una sola de todas las relaciones posibles, la de sujeto-objeto. Esto será contradicho y subvertido por Hegel.[90]

El dogmatismo lógico experimentalista, con sus nociones de «verificación», «observable», «operacional», etc., años después le dio a la *objetividad científica* un inequívoco tono sálmico, acercando ciencia y teología más que nunca.

Sin embargo, sabemos que, para el empirismo naciente, el viejo Hume y sus resonancias presentes, los haces de impresiones se daban en órdenes sucesivos, constatativos y periódicos. Si fuera de

---

[90] Ver Apéndice IV.

otro modo, entonces, hubiese sido imposible hablar de asociación por hábito entre dos objetos que tienen como condición la aparición regular de los mismos contenidos en la misma combinación. Y este proceso es totalmente independiente de la conciencia, voluntad del espectador, actor o coautor de la experiencia. Así queda objetada la crítica del empirismo.

La experiencia con las modalidades que señalé antes no oferta, pues jamás está en *oferta*, los conceptos de causa, efecto, experiencia, afecto, cuerpo, etc., sino que los conceptos se dan en una práctica social e histórica determinada, la cual surge actualizada en *mí* o *nuestra* experiencia en cualquier punto y en cualquier momento.

Ahora bien, ¿por qué hice un largo rodeo, circulando por el torbellino de una disputa ejemplar sobre la causalidad? Porque desde ella se evidencia cómo todo proceso gnoseológico lleva a plantear, de manera diferencial, una cuestión ética, también política. Y cómo el conjunto revertirá, a la larga, sobre una problemática estética que de ningún modo puede ser confundida con una «teoría artística» o con un «exclusivo dominio de las realizaciones sensibles», ya que opera sincrónicamente en varios planos.

Cuando el conocimiento bucea en sus posibilidades, trata de resolver, por no decir exorcizar, sus antinomias. Pero las tesis y antítesis que las forman se resisten a caer una hacia la derecha y otra hacia la izquierda, siendo olvidadas o forzadas a desechar la convivencia que las justifica. Con la minuciosidad que exaltan las biografías sobre Kant, éste las revisa una por una. Y en la tercera, a propósito de nuestras preocupaciones, tanto la tesis como la antítesis son verdaderas.[91]

---

[91] Las tesis y antítesis en Kant no están atravesadas, en principio, por la mera oposición, el rechazo o la incompatibilidad radical, sino por el conflicto y la tensión que entraña una interpretación determinada. La *Antitética de la razón pura* subraya que «si *Tética* es todo conjunto de doctrinas dogmáticas», deberá entenderse «[...] por *Antitética*, no las afirmaciones dogmáticas de lo opuesto, sino el conflicto de conocimientos al parecer dogmáticos, sin que uno tenga más derecho que otro a ser aplaudido. Por consiguiente, la Antitética no se ocupa de afirmaciones unilaterales, sino que considera conocimientos universales de la razón en su conflicto y en las causas de este conflicto» *(Crítica de la razón pura, dialéctica trascendental, libro segundo)*.
Creo que la *razón moderna*, fundamento de la ley moral, cuelga de una paradoja. Por un lado propicia una santa razón de estado que impone su ética universal e incondicional, arrasando con toda singularidad y la voluntad «libre» que clama defender. Por otra parte su composición ética refleja el conflicto —no sólo de «interpretaciones» o «intercambios comunicativos»— moral y político que necesariamente eso debe provocarle, hasta el punto de hacer, en el límite, del derecho de estado una maquinaria de exterminio.

La primera estipula que «la causalidad según leyes naturales no es la única de la que pueden derivarse todos los fenómenos del mundo; para explicarlos es necesario suponer, además, una causalidad por libertad».

La segunda afirma que «no hay libertad, sino que todo cuanto sucede en el mundo obedece a leyes naturales». Así la verdad adquiere un carácter distributivo y equitativo. No es preciso aferrarse a una u otra opción, más bien cabe actuar en las líneas de fuga —como afirma en *Fluchtlinie* Dieter Heinrich— y en los encadenamientos que abrazan a las tesis con las antítesis en el baile de la razón volviéndola más razonable. Puede construir objetos de conocimiento, pero además debe regular acciones. Doble función en una sola misión. De esta manera queda despejada una ruta para que los imperativos categóricos dobleguen a las inclinaciones («egoístas e instintivas», como las rotula en *Fundamentación de la metafísica de las costumbres*) y expresen el deber en el marco de una voluntad, santa, autónoma o como quiera llamársela.

Es decir, una *voluntad incondicionada* —que Nietzsche atacará duramente— determinada por la pura representación formal de la ley moral, por nada externo a ella, como podrían ser los «fines del sujeto» o las «pasiones del alma».

El lado oscuro de las inclinaciones o de las afecciones del cuerpo ha sido finalmente universalizado y blanqueado en la tintorería de la ley moral. Las llamadas ciencias humanas, sociales, conjeturales, etc., dominantes, continúan, dos siglos después, fascinadas e imposibilitadas de pensar algo realmente distinto de esa poderosa, imperial y devastadora vocación ascética.

Inflexiones póstumas e intempestivas

En el ocaso de la modernidad surge una bifurcación problemática, cuyo pivote es F. Nietzsche.[92] Con él se dispara una intempestiva[93] sistemática e inédita ética de las valoraciones, gracias a la cual emergieron las diferentes «éticas de los valores» (Lotze, Scheler, Hartmann, etc.) que se van alternando, con distintos matices de unicidad y eternidad, durante nuestro siglo.

Es este pensador «hiperbóreo» («... nosotros los hiperbóreos!») uno de los pioneros en establecer modos singulares de explorar los cruces ético-conceptuales en su núcleo tradicional: el problema causal. Por ende creo que es importante dar una semblanza de su perspectiva sobre la materia; perspectiva siempre sesgada por ella misma, pues como es sabido la potencia de los textos nietzscheanos no posibilita una lectura *adecuada* o *aplicada*, sino

---

[92] En estrecha conexión con este trabajo, el tema de la causalidad es tratado, por Heidegger, en *La Cuestión de la Técnica*. Ésta pertenece al «desocultar» y lo que se debe pensar es su «esencia», lo cual exige orientar el ser por el acontecimiento (*Ereignis*), despojándolo del fundamento, estabilidad, permanencia, etc., con que lo había dotado la ontología clásica.

[93] Intempestiva, es decir, opuesta a lo tempestivo y medido y ligada a la «transvaloración de todos los valores», a la imposibilidad de aceptación de los vigentes, su carácter nihilista y la creencia en su realidad sustantiva.

una verdadera operación rizomática, cuya frontera es la marca de un nuevo acoplamiento.

Cuando Nietzsche indaga otro origen de lo «bueno», distinto del «estamental» que ya había señalado, descubre la íntima y perversa (en cuanto destructiva de la afirmación vital) relación entre moral y causalidad. Ambas son denunciadas como aniquiladoras de las pulsiones, los *quantums* de fuerza,[94] la capacidad de actuar, sometiéndolas a las pasiones tristes de la culpa, el temor, la envidia o el resentimiento.

En esa quita de sustancialidad que caracteriza el discurso póstumo[95] de Nietzsche, el hombre («estamos cansados del hombre»), el sujeto, el yo,

---

[94] Tanto la noción de pulsión (*Trieb*) como la de fuerza en Nietzsche no pueden entenderse directamente, ni de manera instrumental. Es más, así se las bastardea sin remedio. Ellas pertenecen a diferentes urdimbres, donde van adquiriendo sentido procesual, relativo a cada planteo específico.

[95] La idea de «póstumo» es mencionada constantemente en los textos del pensador alemán. A través de sus matices se desarrolla el problema de la comprensibilidad y autoridad de lo enunciado. *Comprender* —amuleto de las «ciencias comprensivas»— es para él sinónimo de igualación, autoridad, y no arbitrariedad. Por consiguiente afirma: «Los hombres póstumos —yo, por ejemplo— son peor comprendidos que los tempestivos, pero mejor oídos. Dicho con más rigor: no somos comprendidos jamás, de ahí nuestra autoridad...» *(Crepúsculo de los idolos).*

la voluntad y demás imposiciones aparecen desfondadas, carentes de la transparencia que le otorgan los intercambios comunicativos. Y es en esa cadena de infortunios donde se inscribe la causalidad, «si puede parecer otra cosa, ello se debe tan solo a la seducción del lenguaje [...], el cual entiende y malentiende que todo hacer está condicionado por un agente, por un sujeto».

Esta operación causalista es similar a la que se realiza, en un famoso ejemplo de Nietzsche, cuando se separa el rayo de su resplandor, concibiéndose a aquél como un hacer, como la acción de un sujeto que se llama «rayo». Así se introduce, subrepticiamente, la idea de un sustrato indiferente, de un dueño o un amo que interioriza o exterioriza a su placer una fuerza activa.

Es con relación a la génesis historial de los valores —*Genealogía de la moral*— y su desmitificación, donde cada eslabón es la evidencia de la imposición de un «fundamento subyacente», unificante, repartido de acuerdo a la importancia de cada «máscara», sea la del sujeto o la de la conciencia.

Respecto a la vigencia del sustrato mencionado, Nietzsche advierte "Pero tal sustrato no existe; no hay ningún «ser» detrás del hacer, del actuar, del devenir.[96] «El agente» ha sido ficticiamente añadi-

---

[96] El concepto de *devenir* en Nietzsche no dice otra cosa que «ser», pero otra cosa totalmente distinta a el ser, que

do al hacer, el hacer es todo". En realidad, cuando se piensa que el rayo lanza un resplandor, se está duplicando el hacer en un hacer-hacer, produciendo una especularización empírica, de manera que el mismo acontecimiento se pone como causa inicial y como efecto de ella. En esta trampa cae la falsa objetividad de los «investigadores de la naturaleza», que «no lo hacen mejor cuando dicen "la fuerza mueve, la fuerza causa" y cosas parecidas — nuestra ciencia entera, a pesar de toda su frialdad, de su desapasionamiento, se encuentra aún sometida a la seducción del lenguaje y no se ha desprendido de los hijos falsos que se la han infiltrado, de los "sujetos"...». Así es, la causalidad, plena «subyacencia», se ha deslizado junto a otras (yo, sujeto, espíritu, etc.), generando coartadas, explicaciones unificadoras o «divisibles» y sobre todo alimentando el error en su doble vertiente negativa —contraria al *si* transformador que Dionisio introduce en la oreja

---

es una interpretación sustancialista incrustada en el lenguaje. Más adelante me referiré a la «inocencia del devenir», culpabilizada por uno de los errores causales. Señalemos, de paso, que la célebre *voluntad de poder* en el pensador intempestivo —según consta en el boceto del plan de un libro con el mismo título— es el «poder» de otorgar al devenir los caracteres del ser y al ser los del devenir, «Devenir en tanto que invención, voluntad, abnegación, triunfo sobre sí mismo: no sujeto, sino actividad, inventividad creadora; ni "causas" ni "efectos"» *(Voluntad de poder, libro II).*

de su novia Ariadna—, o sea: falsedad, mentira[97] en sentido vital y como impedimento al errar, a la capacidad de andar, de transitar los conceptos, «sólo tienen valor los pensamientos caminados», dirá en un parágrafo del *Crepúsculo de los ídolos.*

Es de gran importancia internarse en los vericuetos de los «errores» que Nietzsche pone sobre el tapete, porque la causalidad anida en ellos, resultando la moral como uno de los errores más fabulosos en los que el hombre haya perseverado. Los ídolos en su ocaso necesitan, todavía, que se les propine un duro golpe de martillo.

El *primer error* es el de la confusión de la causa con la consecuencia. Por él el mundo resulta invertido. Dicha confusión implica —según Nietzsche— una «auténtica corrupción de la razón». Tal trastocamiento —como por ejemplo: que en un «feliz» su felicidad sea consecuencia de su virtud y no al revés— permite definir todo aquello que puede designarse como lo malo (*das Schlechte*), totalmente diferente a lo malvado (*böse*), «salido de la cuba cervecera del odio insaciado» o, dicho de otra forma, de los representantes por excelencia de la moral

---

[97] Para entender el uso de la noción de mentira en Nietzsche, se pueden consultar, entre otros, *Verdad y mentira en sentido extramoral*, *El anticristo* y *Humano, demasiado humano.*

del resentimiento. El origen de lo malo —explanado en *La genealogía de la moral*—, por el contrario, es noble, frontal. Por otro lado todo lo bueno (*gut*) es pulsión, o sea: fácil, necesario, libre, transformador, que no demanda ninguna «representación-representativa» para existir.

Obviamente aquí es revertida la confusión causalista y la engañosa determinación moral de los valores («bueno», «malo», «malvado») que son investigados en su verdadera procedencia —mundana e inmanente— y no en su relación trascendente con un mandato, una voluntad pía o un pecado original, pleno de designios y contenidos ponderados en la famosa tabla de valores cristianizados de Max Scheler.

El *segundo error* es el de una causalidad falsa. Desde siempre se creyó saber qué es una causa.[98] Pero ese saber no es más que una creencia, la creencia en los «hechos internos», que nadie pudo demostrar jamás que fueran hechos.

---

[98] En tono de pregunta esto resuena en Heidegger. «¿Qué quiere decir propiamente "causa" [...]?» se demanda en *La cuestión de la técnica*. Después de algunas precauciones responde «significa aquello que hace que en el resultado algo resulte de tal o cual manera», y, como es obligado en sus reflexiones, conducirá a la problemática del «desocultamiento».

A partir de las tres interioridades causales —voluntad, espíritu y yo— se conjeturó que las causas del acontecer estaban en nosotros mismos, que sorprendíamos a la causalidad «en acto». Y era indudable, entonces, que los antecedentes de una acción debían buscarse —y, por lo tanto. encontrarse— en la conciencia o el "espíritu", donde habitarían como «motivos» de nuestra actividad.

De otro modo no hubiéramos sido libres para realizarla, ni responsables de ella. Así, pues, ¿quién podría atreverse a discutir que el sujeto causa el pensamiento, los diversos estados y todo lo que por principio es perdurable? Así, cualquier acontecimiento tenía *su-puesto*, que le venía puesto por debajo a un sujeto, el que, además, era su causa.

El *tercer error*, quizás uno de los más sugerentes, es el de las causas imaginarias. El punto de partida de este obstáculo está ilustrado por un sueño. A un lejano disparo de cañón se le atribuye de manera retrospectiva una causa («a menudo una pequeña novela en que el soñante es el personaje principal»). La sensación de ese estado onírico queda resonando, fluctuando en un régimen más o menos azaroso, hasta que la pulsión causal (*Ursachentrieb*) —término que crea Nietzsche para señalar un plano de filtro y latencia— le permite pasar a nivel manifiesto, donde el azar se restringe configurando un sentido. Éste invierte la situación temporal, haciendo que el disparo de cañón surja a posteriori.

De tal manera las representaciones generadas por la situación «son concebidas erróneamente como causa de la misma». Es así que «la lógica del sueño» —que analiza bajo ese título en *Humano, demasiado humano*— queda sometida a la lógica diurna, cuando no «simbólica». Por eso siempre «[...] queremos tener una razón de encontrarnos de éste y de aquel modo —de encontrarnos bien o encontrarnos mal—. Jamás nos basta con establecer el hecho de que nos encontramos de éste y de aquel modo: no admitimos ese hecho —no tomamos conciencia de él— hasta que hemos dado una especie de motivación».

Buscar, hallar, endosar causas a cada fenómeno, a cada situación, a cada acto, he ahí el rentable deporte de las «interpretaciones causales», viabilizadas por los «recuerdos», las «convicciones», etc., amoldándose todo a la costumbre de una interpretación causal específica, que obstruye, cuando no excluye, la investigación de las determinaciones reales.

El esfuerzo es conocido, se trata de reducir lo desconocido a lo familiar en el intento de aliviar, tranquilizar y proporcionar un cierto «sentimiento de poder». Comprimir el mundo y su diversidad en una serie de interpretaciones causales termina con lo inédito y lo inesperado, recluyéndolos en lo acostumbrado y predecible. Y, por otro lado, rechazándolas como causas probables de una recua de acontecimientos. Todo eso dispara la consecuencia siguiente: «[...] una especie de causas reina poco a poco, se concentra en un sistema y sobresale por fin como dominante, es decir sencillamente excluyente de otras causas y aclaraciones. El banquero piensa enseguida en el "negocio", el cristiano en el "pecado", la muchacha en su "amor"».

Tanto la moral como la religión, de aquellos tiempos y de los actuales, caben por entero en el dominio de las causas imaginarias y se orientan por la «psicología del error», donde se mezclan sistemáticamente la «causa» con el «efecto» o, mejor dicho, la imaginarización y credibilidad en una causa habitual con su o sus efectos obligados. Lo imaginario cree así producir una realidad propia, cuando en verdad gesta una interpretación creíble —una máscara más— acerca de una realidad que excede sus estrategias globales de captura.[99]

---

[99] La abrupta separación de la realidad que producen la moral y la religión, en cuanto universos imaginarios, está crudamente señalada en *El anticristo*, donde reitera que «ni la moral ni la religión» tienen ningún contacto con la realidad. De ahí que manejen «causas puramente imaginarias ("Dios", "alma", "yo", "espíritu", "la voluntad libre" o también la "no libre"); efectos puramente imaginarios ("pecado", "redención", "gracia", "castigo", "remisión de los peca-

Finalmente, el *cuarto error* es el de la voluntad libre, trampa teológica destinada a responsabilizar y someter a todo aquél que sea víctima de sus mandatos o se contagie de sus mensajes apocalípticos.

En este grosero error —por su violencia universalista: «todos somos culpables», «todos somos corruptos», etc.— Nietzsche busca elucidar «la psicología de cualquier atribución de responsabilidad» y su pulsión correspondiente: la de «querer-castigar-y-juzgar».

La causalidad se vuelve aquí antitética del devenir, «despoja de su inocencia al devenir», le otorga una conciencia directriz a su fluir, una voluntad a sus «modos de ser», etc., con una sola finalidad, la de «querer-encontrar-culpables». Causante es el que causa algo a alguien y, por ende, culpable de lo que sufre o goza, aunque con el tiempo «ser culpable de...» fue adquiriendo un franco matiz peyorativo, de *cargador* de pesadas mercancías trascendentes.

Pero, ¿cuál es el juego de poder que hay detrás de estas imputaciones de corte místico cuyo mecanismo es el siguiente: los seres humanos fueron imaginados radicalmente libres para poderlos censurar, juzgar, sancionar, etc., suponiendo que cada acción

---

dos"); un trato entre seres imaginarios ("Dios", "espíritus", "almas")».

era «querida» y «ordenada» por la conciencia? Así se va imponiendo un «orden moral del mundo»[100] que continúa «infectando la inocencia del devenir por medio del "castigo" y la "culpa"», dando por resultado al cristianismo como una «metafísica del verdugo». Frente a ese Dios cruel y vengativo sólo queda un camino por andar, y es el de posibilitar el retorno del mundo como diversidad en devenir.[101] «Que el mundo no sea una unidad ni como *sensorium* [es una referencia al mundo como "*sensorium divino*" de Newton] ni como espíritu, sólo esto es la gran liberación», estipula en el *Crepúsculo de los Idolos*. A la vez esa distensión restablece «la inocencia del devenir» con toda su potencialidad.

Esta es la única garantía que existe contra cualquier psicología de atribución de responsabilidad. Y es precisamente la causalidad —embozada en los errores e imputaciones culpógenas— la que se encuentra en el fundamento, fundamentando esas «psicologías» y la moral nihilista, decadente y antivital[102] que les presta su sustento valorativo.

---

[100] Nietzsche ataca con dureza el concepto de «orden moral del mundo» en varios de sus escritos y, sobre todo en *El anticristo*.

[101] En este leit-motiv el genealogista absorbe la tradición que va desde Epicuro y Lucrecio hasta los grandes naturalistas holísticos.

[102] Los conceptos de nihilismo, decadencia y antivitali-

---

dad tienen en la obra de Nietzsche una ramificación y una complejidad que no son objeto de reducción o significación puntual.

Saliendo *con* la modernidad

A menudo hemos escuchado o dicho frases cuyos prototipos podrían ser: «yo te voy a explicar, esto sucede por tal o cual razón», «eso ocurrió por *x* causa», «aquello puede tener muchas explicaciones», «todo está determinado, sólo que ignoramos las causas», o «nada está determinado, las cosas pasan porque sí», «si uno supiera las causas de las cosas, sabría hacia dónde van», etc. El repertorio suele ser más nutrido, pero basta con esta muestra que puebla el habla cotidiana, guía sus juicios y alimenta sus percepciones. Dichas afirmaciones no sólo implican una tremenda confusión —que exploraremos enseguida— sino un comportamiento ético-comunicacional y un moldeo cerebral.

En las primeras tres se fusiona y expresa una convicción tan errónea como prejuiciosa que afirma: «explicar es explicar por las causas». De otra manera las explicaciones no serán todo lo razonables (*razón* en esta suposición equivale a *causa*) y aceptables que serían si se hubiesen asumido sus probables causas. Por lo tanto a la carencia causal le seguirá —según una mitología muy extendida— la pobreza explicativa.

Sin embargo, desde hace cuatro siglos sabemos, sin aceptarlo, que las «explicaciones causales» son una de tantas formas de explicación, y no precisamente las más fructíferas y estimulantes.

Desde otro ángulo, podemos apreciar que las «muchas explicaciones» son simples atribuciones repartidas sobre «muchas» causas convergentes o divergentes. Esto no significa que obligadamente debamos caer, entonces, en la opción —que exige cierto toque de fanatismo— entre explicación o descripción. Adeptos hay para todo. Y desde la chatura de E. Mach hasta el «operacionalismo» pedestre, las explicaciones y sus modalidades fueron degradadas en función de exaltar lo único que tiene valor científico, «la relación entre los hechos, y ésta acaba con la descripción de los mismos». Lo demás es «chapucería metafísica». Durante la noche, los adalides de esta posición diurna defendían una «ética de la tolerancia» y una «democracia política» a ultranza. Pero, dejando aparte estos climas, casi supersticiosos, preguntémonos: ¿qué implica cualquier relación causal?

En primer lugar, la ligazón entre una causa *(A)* y un efecto *(P)* expresa una relación unívoca, unidireccional y generativa. Si las causas son muchas (*pluri*), sólo se multiplicará la linealidad.

En segundo término, la universalidad rige la conexión. El efecto *(P)* se repetirá siempre que surja *(A)*. Obviamente, el «siempre» indica con toda claridad que la novedad o cierta independencia productiva del efecto son imposibles, pues «*causa aequat effectum*», el efecto preexiste en su causa, según una versión escolástica.

El tercer aspecto establece que la vinculación entre *(A)* y *(P)* es sucesiva, una debe preceder a otro y aparecer en ese orden regular.

Si nos detenemos un momento vemos que esta regla temblequea. Desde un punto de vista fenomenológico los efectos preceden a las causas y su composición. Por ejemplo, la tumefacción por un golpe ya requiere las condiciones específicas (reciprocidad) de la parte golpeada, caso contrario no se da tumefacción alguna. Reacción que contempla una cierta autonomía respecto del causante. Algo así como una vida propia de los efectos.

Esto es diáfano en lo que todo el mundo acepta como efectos sin causa, los llamados «efectos especiales» cinematográficos o pictóricos, efectuación o capacidad productiva de los mismos efectos. Y no hablemos de ellos cuando entrañan acontecimientos «modificadores de causas» que no deben ser obligadamente las suyas; situación harto conocida en la ciencia contemporánea, en los aconteceres grupales o en los devenires comunitarios. Aquí la fuerza generativa de los efectos debe ser considerada como uno de los criterios centrales de cualquier intervención.

En cuarto lugar, la constancia es la que otorga sentido pleno a la relación entre *(A)* y *(P)*. Si se da *(A)*, entonces aparecerá invariablemente *(P)*. El *principio de invariancia*, que tanto cautivó al pensamiento estructural, está basado en esa muda incondicionalidad. La única exigencia es que la conexión se realice en cualquier ocasión de manera inmodificable, sin importar las condiciones gracias a las cuales se concreta.

Parece que ser *constantes* no es la mejor cualidad para apreciar los fenómenos éticos, históricos, políticos y su fragilizada movilidad. Como tampoco intentar hacer transparentes sus realidades desde parámetros causalistas, que tienden a negarlas cuanto más las exaltan. Y esto porque toda concepción causalista sobre distintos tipos de procesos supone un aislamiento artificial (*artificios metodológicos*, como los designó Max Weber), la separación arbitraria de un elemento causal o de una de sus consecuencias, siempre consecuentes con su origen.

Así una particular construcción metodológica, sus reglas, presunciones (p. ej, se cree que lo que no procede causalmente es azaroso, caótico o indeterminado), formas de validación, conclusiones, etc., pasan por ser el criterio de inteligibilidad y explicación de lo real en sí mismo. El esqueleto de las atribuciones se convierte en carne de nuestros sueños y acciones.

Antes decía que existían varios modos de explicación que no admiten encierro causal. Cuando más las causas funcionan como simples *variables intervinientes*. Ninguna otra aspiración las convoca. Un conjunto nada exhaustivo de explicaciones no causales sería el propuesto a continuación.

Primero, las llamadas, paradojalmente, estructuras disipativas que explican formas fuera de equilibrio. *Segundo*, las explicaciones taxonómicas que operan bajo un régimen de inclusión, por ejemplo, el de un individuo en una clase o sector específico. *Tercero*, las explicaciones descriptivas a lo Wittgenstein. *Cuarto*, la explicación de las partículas atómicas en la física del mismo nombre. *Quinto*, las explicaciones remisivas entre planos en lingüística, entre emergencia de niveles en física molecular o entre líneas de interferencia en los procesos grupales e institucionales. *Sexto*, las explicaciones teleológicas, por ejemplo en la teoría de la acción comunicativa de J. Habermas, resuelta —no sin equívocos— en una «pragmática universal» y en una concepción particular de la intersubjetividad. Y, *finalmente*, las explicaciones estadísticas y estocásticas, como por ejemplo la distribución de características hereditarias en ciertas poblaciones vivientes. O determinados movimientos demográficos o de tránsito vehicular en las grandes ciudades, que se regulan mediante modelos azarosos, cuyo objetivo es propiciar distintas modalidades autoorganizativas.

Hasta aquí llega un esbozo de la necesaria discriminación que hacemos entre explicación y causalidad. Sin embargo, ella nos empuja a deshacer el núcleo confusional que atraviesa dichos habituales como los ya citados, «todo está determinado, sólo que ignoramos las causas», o «nada está determinado, las cosas pasan porque sí». Evidentemente las determinaciones en ambas sentencias se disuelven en sus causas o en sus ausencias causales, lo que es similar. Con esto no quiero negar los *modos de causación* específicos cuya función es relevante, sino demostrar la no validez de la causalidad como principio comprensivo de los problemas y desafíos con los que nos enfrentamos. Ubicándola paralelamente, donde le corresponde, en el *marco de una concepción causalista de la realidad*.

En simultánea con los enfoques *unicistas*, sufrimos los embates de gastados *dualismos*. Por ejemplo, se afirma que si un hecho está determinado, entonces, no es azaroso; si existe orden, entonces, no hay caos, etc., sólo por nombrar algunas letanías conocidas. Pero, ¿la idea de determinación implica la de causa? ¿Todos los regímenes de determinación son causales? ¿Las determinaciones se oponen o complementan lo azaroso? ¿No será preciso diferenciar entre el caos como creación e invención de nuevos órdenes y el caos como desorden que promueve un seguro cataclismo? ¿Los procesos caóticos son desordenados en sí o poseen órdenes no previstos? Podríamos seguir invocando otros interrogantes, aunque estos bastan por el momento.

Empecemos con el último. No es la primera vez que en la literatura se adelantan magistralmente (Freud lo recalcó hasta el cansancio) cuestiones que después quitaran el sueño a los científicos. La ballena blanca (*Moby Dick*) de H. Melville trata de sobrevivir, en un medio líquido, a las turbulencias que la ligan con su obsesionado pescador e inquisidor.

De ahí que el relato de Melville pueda verse como la imbricación de una serie de órdenes en un caos. El mismo autor aclaró que en su obra «se buscaba nada menos que el ordenamiento de los elementos de un caos».

El capitán Ahab, que se considera a sí mismo como «la oscuridad que emerge de la luz», sale en el *Pequod*, desde el centro ballenero de Nantucket, buscando consumar una «venganza inexorable, audaz y sobrenatural» (guiada por el bien o la «luz» de la que surgió) de la encarnación del mal, la ballena blanca que lo había dejado cojo.

El obstinado perseguidor navega durante tres días por las densidades líquidas y los bucles del Pacífico, donde habita el cetáceo en *un* orden caótico

definido. Sobre el final del relato el encuentro catas-
trófico es inevitable. El régimen caótico de Ahab,
del oficial Starbuck, de sus tripulantes (holande-
ses, portugueses, irlandeses, chinos, malteses, ita-
lianos, etc.) choca furiosamente sobre los vórtices
del océano. Ahab con «ojos de crimen rojo» clava
innumerables veces su arpón *Excalibur* en el cuerpo, sanguinolento trasatlántico, de la ballena blanca que arremete contra el *Pequod* hasta hundirlo
con todos sus navegantes.

La lucha simbólica entre el bien y el mal se
aquieta en el misterio de los diferentes caos, cuyas
dimensiones preserva el fondo marino. Verdadero
abismo del relato que sobrepasa la simbólica habitual de los combates entre el bien y el mal, hacia
los que libra cualquier sujeto por instrumentalizar
un orden cotidiano en el caos reinante. Y este caos
será, en adelante, el que pueble el universo de su
memoria experiencial, convertida en un verdadero
caosmos.

Entonces, no parece ser *un* caos el que carezca
de orden, sino que es inaprensible en la medida en
que está excedido de órdenes, más de los que podemos captar. Un caos será siempre lo que escapa
de una norma instituida y se disemina para crear
multiplicidades ordenadas, sutiles y diferenciadas.
El desorden *en-sí* que se endosa a los procesos caóticos observables en los grupos, instituciones o en

lo social-histórico, es la imagen del horror que producen en-sí-mismas las dimensiones lineales cuando tratan con fenómenos complejos.

El autor de *Moby Dick* declara que buscaba los distintos ordenamientos de los elementos de un caos. Enfatiza *un* y no *otro* caos, en un sentido indiferenciado. Así es como Melville —para nombrar sólo a uno— adelanta los descubrimientos científicos de los caólogos, desde M. Feigenbaun, J. Ford, H. Hoo Bai-Lin hasta B. Mandelbrot, I. Prigogine y la institucionalización de los estudios sobre el «Orden a partir del caos» (I. Prigogine — Universidad de Austin), «El orden en el caos» (Universidad de Arizona), «Centro de estudios no lineales» (Laboratorio Nacional de Los Alamos), «Investigaciones sobre el caos aplicadas al corazón» (Universidad de Mc Gill-Instituto de Tecnología de Massachusetts), y muchas fundaciones e institutos dedicados al estudio *legal* del caos en Biología, Economía, Ciencias de la comunicación, Ecología, etc. Desde otra faceta este pequeño catálogo muestra que a las instituciones, organizaciones y «núcleos de decisión»> ya no les asustan los caos que disparan los «órdenes establecidos», tristes parodias de los que engendra la naturaleza en sus aconteceres. Se empeñan por estudiarlos en todos los aspectos novedosos que van desencadenando, no en conjurarlos como extravíos de la razón.

La mayoría de las «ciencias sociales», «disciplinas humanísticas» y campos afines, se resisten a explorar y manejar la aparición de los fenómenos caóticos en sus dominios, se trate de un *remolino grupal* —irreductible a una «actuación», «falta de simbolización», etc.— o de una *defusión institucional*, que no es una mera «desestructuración», «desorganización» o «anarquía», sino el polo de la *vinculación*, con la que guarda nexos de reciprocidad.

Cuando esos estados son calificados como caóticos, se está viviendo el caos como desorden pasivo, anticreativo, típica imputación de un pensamiento unido a la imagen de un universo cerrado, homeostático. Es decir, donde la realidad es violentada por una inversión fetichista, pues el equilibrio es lo capital, quedando lo real caótico imaginarizado. En cambio, cuando los caos se asimilan como lo que son, caos-órdenes o «caosmos», los universos se abren activamente, las líneas se estiran en caliente y los posibles danzan con inusual energía. Y esos caos se convierten en «turbulencias alejadas del equilibrio» (Prigogine). Entonces, todo nos lleva a concluir que hablar del caos en general, implica desde su enunciación el anhelo de hacerlo desaparecer, sin que ninguna reflexión roce sus imperceptibles direcciones.

Pasando a un asunto complementario del anterior nos preguntábamos si las determinaciones se oponían a lo azaroso. ¿También aquí se expresará un malentendido de viejo arraigo? Hay gran similaridad en el lanzamiento de los dados[103] y los procesos grupales o de institucionalización. No es ocioso volver sobre una ilustración —el juego de dados— recurrente en la ciencia y en la literatura. Mallarmé decía que «un golpe de dados jamás abolirá el azar». Podríamos acotar que, por el contrario, una «tirada de dados» sostiene el azar como uno de sus componentes. Por otra parte Einstein afirmaba que «Dios no juega a los dados», salvo, agregaríamos, que fuera tentado por la ruleta de la existencia.

En un lugar de nuestro planeta una mano indefinida arroja un cubo homogéneo sobre una mesa de billar o una superficie cualquiera de paño liso. El impulso inicial del dado —«la mano indefinida»— es inestable, se aleja de las predicciones exactas. La gravedad terrestre y la resistencia del aire preceden al agitado cubilete. Los cubos golpean atropelladamente sus caras contra la placa, elegida a propósito, plana y elástica. Después de haber perdido su energía en los distintos choques y deslizamientos los pequeños cubos se paralizan y sus diversos rostros exhiben lo *dado*, tapando o mostrando en distintos ángulos posibilidades para otra ocasión.

---

[103] Es interesante notar que en latín *alea*, palabra que designa a los dados, nombra también la incertidumbre y la suerte.

Hasta aquí lo que todos vimos alguna vez. Si el jugador acierta cinco o diez veces seguidas la exclamación, seguramente, arrancará un «¡increíble!», pues la suerte supera a la creencia, volviéndose posible y humana, por el lado de su carácter veleidoso. En caso contrario, cuando la arbitrariedad se aleja de ella, se pega a las del jugador, medido o compulsivo, la partida quedará ligada a su «estrella» y a las circunstancias adversas o favorables. Sin embargo cada uno de los dados ignora las «buenas» y «malas» suertes, ya que sus volteretas están sometidas a leyes mecánicas muy conocidas e investigadas. Una vez que se dio el impulso inicial, el dado no es más un cubito que da traspiés encima de la mesa, sino una especie de verbo (el *dar* se cumple en lo *dado*) que puede ir determinándose mediante acciones detalladas. ¿Qué estamos diciendo con este parafraseo de una jugada de dados? Simplemente lo mismo que reiteramos acerca de las tramas éticas, colectivas o institucionales: la vista engaña y las experiencias personales no bastan para discriminar la simetría simultánea de planos.

En gran escala, los lanzamientos dibujan *aleas*, suertes ni tan bondadosas ni tan nocivas, apenas fenómenos aleatorios. En pequeña escala encuentran determinaciones que deben estudiarse con gran detenimiento. Mallarmé tenía una cuota de razón,

Einstein otra, pero ninguno pudo acaparar el crédito total.

Los procesos colectivos instituidos o multiformes son de la *partida* con semejanzas y diferencias. Juegan desde lo *dado*, requieren planos mixtos, internamente discriminados, donde no existen jerarquías entre lo *macro* y lo *micro* y viceversa; ni esos términos poseen la significación, predominantemente visual, que en general se les otorga. Lo contrapuesto introduce una dualidad y separaciones irreconciliables que terminan dañando cualquier intento analítico. Parafraseando una famosa máxima, diríamos que el macro azar sin las micro determinaciones es ciego. Y las micro determinaciones sin el macro azar son vacías.

Grande y *pequeño*, referidos a la problemática grupal, ética, estética o política, son meros paisajes coloreados por distintos niveles de observación. Pero lo *macro* y lo *micro* nada tienen en común con esas pinceladas. En cambio sus modalidades están siempre remitidas a diversos umbrales de complejidad, y a veloces multiplicidades en acto. De manera que «Dios no juega a los dados», aunque establece las condiciones auspiciosas para que haya juego de dados. Y también es cierto que «un golpe de dados jamás abolirá el azar», pero éste debe quedar conectado a las determinaciones que constituyen su escala relativa y singular.

Azares, caos, determinaciones, nada son unos sin las otras, más allá de que cada uno participe en aconteceres inusitados, rehuyendo los sobornos de la causalidad. Tomados en sí mismos son apenas representaciones de un pensamiento escarchado o victimado por la ingestión de novedades.

Hacia la determinación[104]

Restan, todavía, algunas cuestiones enturbiadas por los usos rutinarios. Hasta ahora fui deslindando la noción de explicación de su versión unilateral por los encadenamientos causales, que abarcan sólo una forma narrativa, quizás la más esquelética. Además, traté de despejar tanto los fantasmas de la razón (azar, caos) como de despegar la idea de determinación, sus correlatos (indeterminación, incertidumbre), de la categoría «causalidad» y sus extensiones ilegítimas. Por eso nos preguntamos si tal idea equivalía a la de causa o se distinguía netamente de ella. La máxima de Spinoza, «*Omnia determinatio est negatio*» (toda determinación es negación) es ejemplar en un doble sentido. *Primero.* «Determinación» es cualquiera —no ésta o aquélla—; su despliegue interno se «expre-

---

[104]He agregado una letra —la *s*—, requerida por la misma determinación, lejos de cualquier juego gráfico, aunque él no deje de estar en juego. Es una especie de resolución de lo que reposa en su idea. Lo que está determinado en su trazo se encuentra de(s)terminado en el acto de su movimiento. Como puede notarse se trata, ante todo, de un proceso cualificado en un ámbito específico. Pero esto es imposible sin la *praxis* de un sujeto singularmente colectivo, sus operaciones, funciones, transformaciones y demás intervenciones. Todo ello transcurre en condiciones social-históricas donde queda consignada una de*s*terminación particular. Se puede escribir indistintamente de(s)terminación o de*s*terminacion.

sa»[105] en atributos, modos, variaciones cualitativas, fuera de toda eficacia causal. Así opera la «causa de sí» (*causa sui*) spinozista, al estilo de órdenes ampliados de determinaciones que no implican la gestación de un plano por otro, según la modalidad causa-efecto.

La «causa sui»[106] no fabrica efectos, sino *expresa* las determinaciones irreductibles entre estados, por lo cual la causa y el efecto difieren en esencia y existencia. Es corriente la omisión —por motivos religiosos, ideológicos o de franca ignorancia— de la *causa sui* en Spinoza como despliegue de un acto

---

[105] Para captar la composición inmanente —ajena a todo enquistamiento en un «interior»— del concepto de *expresión* en Spinoza, ver el excelente libro de Gilles Deleuze, *Spinoza y el problema de la expresión.*

[106] Volvamos a Spinoza. Con su idea de *causa inmanente* invierte la tradición que tenía como axioma fundamental el de de la causalidad o la causa externa (eficiente). Él la ubica en el mismo régimen de devenir, como sentido segundo, que el sentido primero que le cabe «a la causa de sí». Y ésta se define como «aquello cuya esencia envuelve a la existencia o, dicho de otra manera, aquello cuya naturaleza no puede concebirse sino como existencia» (*Etica, primera parte, def. I*). Ya será imposible, en su prodigiosa concepción, separar las causas de los efectos y privilegiar a unas sobre los otros. Los regímenes de afecciones que son la «sustancia misma» solo estarán regidos por incidencias de *casi-causas*. La causa y el efecto serán personajes de ficción frente a este concepto de *causa sui* como acto huérfano, como autogestación inmanente, sin ninguna garantía de una creación trascendente.

que es *en-sí-mismo* devenir autofundado. Para ello
es necesario entender que la *geometría* espinosista
(y también su *Ética*, demostrada según ese orden
del saber) hace girar la geometría enclideana desde una geometría proyectiva. Ésta da cuenta, más
acabadamente, de los planos de inmanencia en que
la sustancia «expresa» su ser deviniendo.

Segundo. Las determinaciones, tomadas en su
complejidad, deberían ser consideradas *modos de
devenir* y no puntos causales de fijación. Vemos a
través de esta referencia que no hay ninguna equivalencia entre determinación y causalidad. Además
hay otros motivos, destacándose uno en particular.
La noción de causa requiere, en todos los casos, una
idea asociada, la de productividad o generatividad.
La causa siempre «causa», origina sus efectos co-
rrespondientes. Este verosímil ha creado un imaginario consolador, fuertes desmemorias históricas y
consecuencias sociopolíticas lamentables. El mitema, modelado en el imperio causal, es de antigua
filiación. Es el que dictaminaba: «*causa cessante
cessat effectus*», el efecto cesa cuando se extingue
la causa. Ni antes ni después, justo en ese instante. Cualquier mínima independencia o eficacia de
los efectos está negada a priori. Amo causa, efecto
obedece.

Si hacemos una breve referencia ético-política
de los servicios que presta esta posición (funesta-

mente actual) a la desmemoria, confort y demás simulacros, comprobaríamos que habiendo terminado la dictadura militar argentina («*causa cessante*») que arrasó ese país, deberíamos poner automáticamente «punto final» («*cessat effectus*») a sus engendros. Como si sus vivaces efectos no fueran presentificados en los «económicamente no viables», la progresiva e indetenible marginación, la desaparición ampliada de la gente y otros coletazos del genocidio que la bioética o la política gerencial tienen urgencia por olvidar. Ocurre que al grito victorioso de las causas perfectas le sucede el silencio de las consecuencias desprovistas de actividad propia, condenadas no tanto a la *pulsión de muerte* sino a la muerte de las pulsiones.

De acuerdo con lo que vengo señalando, es notorio que la idea de determinación está alejada —salvo cuando se la enfoca mal— de nociones como *gestación* o *productividad*. Sin embargo también existen algunas cercanías aparentes entre determinación y causalidad. Ambas solicitan relaciones y conexiones, aunque no haya similitud entre sus demandas. Lo relacionado en causa(s) y efecto(s) son nexos direccionales de una(s) a otro(s), sean lineales o múltiples, contraídos o dispersos. Están sujetos al principio de recurrencia y significados por sus conductos.

Al contrario, lo vinculado entre determinaciones y determinados entraña multiplicidad de condiciones, conjunciones y disyunciones complejas que sufren modificaciones bajo distintos ritmos, lugares e intensidades. Esas modificaciones o micro transformaciones no se generan en otro lado, se accionan en un *espacio preextensivo*, es decir en un ámbito cuya duración es tiempo y fuerzas ejercidas en un *lugar* específico, propio y no métrico.

«Multiplicidad de condiciones», «disyunciones complejas» y «conjunciones», marcan claramente que ni una ni otras pueden darse bajo las figuras exclusivas de la convergencia, unión, concurrencia, intersección, etc. Sus partículas ya no serán sólo el y/o, sino también el *entre*. *Entre* —o sea: plus de diferencia— las cuales transcurren los procesos caóticos, dimensionables, azarosos, inciertos, de procedencia sin origen determinable, las «causas operantes en el límite» o la «causa perdida» en la obstinación de su comienzo. Es así que las determinaciones, diversificados modos de afectación, van siendo determinantes según el régimen de acontecimientos con el que se conectan y desconectan a partir de rigurosas condiciones iniciales.

De manera que procesos como, por ejemplo, los de autoorganización, de orientación estocástica o disposiciones caóticas, de manejo probabilístico, acción recíproca, fluxión creativa o tantos otros, no están regidos por «la causalidad», «el determinismo» —su ideología simétrica—, ni causas en sentido estricto.

Los citados «modos de afectación» son determinaciones explícitas o imperceptibles, pero no están originadas *por* ni *para*, sino desplegados *entre* un centelleo de virtualidades, un refrescante abanico de posibilidades, series concomitantes más acá de toda articulación, contactos reunitivos y disipativos, plegamientos incalculables, etc.

Ellos instauran modos peculiares de elucidación y determinación que no preexisten ni están preestablecidos en ninguna estructura o espacio de referencia (por eso la pregunta «¿desde dónde se habla (o piensa)?» no tiene gollete), sino existen con sus cadencias, velocidades, fugaciones y coagulaciones; en formas de vida singulares, en adscripciones poéticas, inscripciones políticas, asunciones éticas; en la crítica a la estetización reinante, en la necesidad de impulsar otros tipos de sensibilidad, de festejar el acto creativo, de rechazar el acto consumado, de potenciar la vida sin idealizar sus dones.

En suma, por la urgencia de elevar lo real en lo bajo, deseante, y la realidad en sus real-izaciones, pues si algo tiene en común todo lo designado es que *el todo* es *lo abierto* y que todo está dado en el mundo para ser transformado. He ahí la única *ilusión* que ofrecen las perspectivas de estos regímenes de determinaciones rizomáticas en que nos situamos durante las intervenciones grupales o institucionales específicas. Y donde las relaciones causales se vuelven limitadas (funcionan periféricamente) y casuísticas (constituyen un caso entre otros), declinando el rol privilegiado que desempeñaron hasta el presente.

Hemos llegado, mediante una crítica radical de la causalidad, a limitar sus aspiraciones globalizadoras, a desenmascarar la unificación carcelaria que introduce en los diversos métodos de explicación, interpretación, legalización o determinación de los acontecimientos que penetran en la materia de los actos éticos, estéticos, políticos y las producciones conceptuales. Con este arribo, a través de las determinaciones conjuntivas-disyuntivas, se abren dos vías tan promisorias como escasamente investigadas.

La *primera* nos permite salir de las contraposiciones automáticas entre orden/caos, causa/defección, coherencia/dispersión, racionalidad/irracionalidad, discriminación/magma, etc.; el consecuente demérito, «fealdad», «falsedad», «maldad» de los términos a la derecha de la barra, y el mérito, «belleza», «verdad», «bondad» de los ubicados a la izquierda.[107]

---

[107] En ambos casos es notable cómo los mecanismos de

De esta manera queda tendida la posibilidad de una ubicación puntual de los fenómenos causales o de la «causación», estrictamente hablando, sin mitemas causalistas donde cada estrato debe resignar su ambición totalizadora en función de su anudamiento con los demás, situando, gradualmente, lo que se busca elucidar.

Sólo entonces se podrá figurar una verdadera alternativa a esos sistemas de exclusiones binarizadas o estrategias de poder que representan las oposiciones tajantes, plagadas de anhelos cósmicos.

La *segunda vía* nos anuncia que estamos en condiciones de darle un nombre preciso a la idea con que culminaría este trayecto ético-estético-político-conceptual. No pasa desapercibido que ella alimenta las voces, cotejos y suposiciones que fui explicitando durante el escrito y que hacen cuerpo con los dos ensayos previos.[108] Por lo tanto ese nombre surge del mismo campo que vengo explorando, como una rúbrica de la obligada responsabilidad del discurso y de la que rebasa sus fronteras. Un lema relativo al propio acto de «afección valorati-

---

atribución son simultáneamente éticos, políticos, estéticos, gnoseológicos y de control en sentido amplio.

[108] *La explosión del sujeto* y *La problemática de la subjetividad.* En este último se abordan diversos aspectos de una ética de la responsabilidad.

va» sería: analizar una determinación en particular es establecer el espectro de conexiones y disyunciones que la envuelve y la trama existente entre ellas. Es decir, trazar los diagramas, en cada acontecer, del *proceso de de(s)terminación* efectivo. Sin éste no hay explicación satisfactoria de la multiplicidad que envuelve a las afecciones vividas, tanto por el lado de los acontecimientos, como por el costado de sus historias. Aunque nada garantice que con su inclusión la cosa marcharía de manera inmejorable. Y, para redondear estas apreciaciones, sería una banalidad más de la desinteligencia rápida, abundante en la actualidad, que el mundo de la de*s*terminación se usara fuera de la problemática de las determinaciones, que es su ámbito natural y al cual está supeditada.

Finalizando con el primer hito de este trayecto, estoy convencido de que la «monarquía causal», al estilo de otras monarquías, silencia las composiciones de de*s*terminaciones menos rutilantes, más laboriosas, quizás, eminentemente anónimas.

ENSAMBLES

Perífrasis

Bordeando unas líneas de *Pensamiento y movimiento*, de H. Bergson, creo que el camino a seguir explorando encuentra algunas señales bien precisadas. Nos preguntamos con él, ¿por qué aceptar en los procesos de pensamiento una división, cualquiera sea, que probablemente no tenga ninguna relación con lo real que intentamos movilizar? Y, sin embargo, la adopción y no-relación se vuelven una regla, una exigencia tortuosa para el pensamiento y sus acciones reales o virtuales que siempre lo rondan. Así, el problema, cuyo impulso lo llevaría a encadenarse con otros, impulsando un «devenir problemático», halla su repertorio de soluciones establecido de antemano, convertido en *hechos* que deben transmitirse como tales. «Soportar los hechos es convivir con el terror», dice un refrán, al que otro responde «vivir fuera de los hechos (léase: realidad) es vivir en el error». De modo que es preferible «convivir con el terror», antes de ejercer el «error», la capacidad de andar, de errar por mundos ignatos.

Ahí da su más duro mordisco el «fetichismo del lenguaje y los intercambios concretos», denunciado hasta el agotamiento por Marx, Nietzsche, Freud y el mismo Bergson, entre tantos. Fetichismo cuyos mecanismos estandarizados son la inversión, la *extrapolación* y una envolvente *objetivización.* Pero estos no son mecanismos neutros, que hablarían de una falla en el modo de operar. Son, por el contrario, formas activas de sufrimiento, de pasivización, de estar sometido a la condena de toparse —y asumir como propio— lo que siempre estuvo allí. Claro que resta la opción «en el mejor de los casos, de escoger simplemente entre las dos o tres únicas soluciones posibles». Sin embargo la opción no hace desaparecer el padecimiento, es más, lo agudiza indefinidamente en una perversa equivalencia, pues ello equivale a estipular que «toda verdad es ya virtualmente conocida» y que, por lo tanto, puede agotarse en su conocimiento. El desaliento ante cualquier intento creativo se instala para quedarse.

Obviamente, éste es un modelo administrativo de la verdad y del verdadero trabajo de pensamiento, cuyos productos son «papeles» a ser clasificados de acuerdo con familiares nomenclaturas. Es simétrico a «un juego de *puzzle* que trata de reconstruir, con las piezas que la sociedad nos proporciona, el dibujo que ella no quiere mostramos», aunque la «mostración» equivalente se ofrecerá en otro ámbito, donde la transmisión burocratizada exhibirá el testimonio de un pensador que regresa a etapas escolares, obteniendo ahí su asignación y reconocimiento, «que busca la solución diciéndose que una ojeada indiscreta, anotada frente al enunciado, en el cuaderno del profesor, se la mostraría». Y esto ocurre, aunque sepamos que, en cuestiones de pensamiento, como en cualquier otra «se trata de encontrar el problema y por tanto de plantearlo más aun que de resolverlo».

La perífrasis de Bergson va declinando y nuestra senda se diversifica sin ceder a una división que haría extraños y externos a sus diferentes carriles. Aunque retornar a ella incesantemente es la garantía de poder encontrar el problema y de que su solución, realmente, sea la capacidad de plantearlo. Para eso, también, es preciso nominarlo, ajustar su planteo en uno o varios nombres propios. Al respecto la práctica viva del lenguaje nos brinda sus posibilidades con una generosidad que excede, en cada momento, los usos que hacemos de él. Con estas alusiones quiero dejar estampada una vieja convicción, la de que las palabras, conceptos, ideas o las ocurrencias más fascinantes, son ociosas por naturaleza.

Exasperarlas, reanimar la cansada sombra de sus aplicaciones, hacer que la potencia inicial del conjunto avance desde el futuro, demanda un trabajo lento, renovado en sus trazos más finos, distante de sus certezas y hallazgos y, sobre todo, que sea el símbolo de una molestia, de una interrupción esencial, de un tarea inacabable, la de arrancar al pensamiento de su siesta administrativa.

Determinación y origen

A esta altura se puede adivinar que habrá quedado más de una pregunta sin responder y otras tantas sin formular. Quizás, dos previsibles serían: ¿la idea de determinación no es todavía muy fuerte, demasiado clásica y moderna, para seguir sosteniéndola? y ¿con esa operación de sostén, no se desliza nuevamente un cierto fundamento, la conexión con un origen o asuntos similares? Cualquier respuesta veloz, de esas esgrimidas para mimar nuestras convicciones o favorecer oposiciones terminológicas, condenaría el problema a ser tratado en el ámbito del espectáculo o en el de los malentendidos divulgados como certezas. Es decir, a replegarse sin que las perspectivas de su enfoque hayan podido plantearse en toda su complejidad. La tentación de responder negativamente es inmensa. Sin embargo, el tono defensivo, favorecido por los monosílabos *si*, *no*, o las explicaciones-advertencias que empiezan por «jamás (¡ni lo piense!) pasó tal cosa por mi cabeza», nos hacen advertir que tanto las afirmaciones como la gama negativa requieren una mínima elucidación.

Senderos

Enfatizábamos en distintos tramos del texto que las determinaciones eran «modos de devenir y no puntos causales de fijación», formas diversas de «afectación», determinantes «según el régimen de acontecimientos con el que se conectan y desconectan a partir de ciertas condiciones iniciales», sin confundirse con ellas ya que determinan su carácter de tales. También que lo vinculado entre *determinaciones* y *determinados* implica el relevamiento del tipo de multiplicidad que está en juego en las conexiones y disyunciones complejas que puedan establecerse. Era de esa manera como se instauraban modalidades explicativas y determinativas que «no preexisten ni están preestablecidas en ninguna estructura o espacio de referencia [...] sino existen» y demás modulaciones que marcan una *diferencia de naturaleza*, no de rasgos o aspectos, entre los conceptos de determinación y de causa.

Por otro lado, las *determinaciones* son ínsitas, temporal y atributivamente, al espectro de lo que afectan y ordenan como específicas disposiciones para esto o lo otro. Mientras que las *causas* son antelativas a lo que efectivamente generan. Así vamos esbozando un intento de respuesta cuyo mérito, por el momento, es el de resituarnos en el camino emprendido.

Continuemos por algunos de los senderos abiertos. Señalábamos en la segunda parte que las *determinaciones* poseen una movilidad, una resonancia, una rizomatización de las que carecen las *causas*, cuya tendencia —pese a los mecanismos de división o agregación que las implementan— es a unificarse en la noción generativa de causa. Las *determinaciones*, en cambio, funcionan sustrayéndose a cualquier esquema unificante, aunque sean «originarias» en el sentido particular que les otorgaremos después. Poseen *marcas* metodológico-jurídicas cuando comprobamos o leemos que «el caso fue resuelto» o «el concepto está bien o mal definido». Éxtasis metafísicos y trascendentales cuando «todos somos mortales», «hijos de la finitud», como características esenciales del ser creado o del existente arrojado en el mundo. Trazas ético-políticas cuando escuchamos que «la decisión está tomada», o sea, la acción ha sido definida real o virtualmente. *Líneas* estetizantes y sectoriales cuando se dice «su distinción es innegable». Y, variadas circulaciones, por derroteros laborales, geográficos, etc., que no sólo evidencian una rica polisemia, sino que ninguna determinación, sea de hecho o derecho, puede ser la determinante.

Los *actos infinitivos*, que se conjugan de acuerdo a tiempos específicos, consisten en diseminar lo que el concepto de causalidad mantiene oculto y en reserva. O sea, *modalizar* líneas de existencia y estilos de ser. *Cualificar* ciertos órdenes y estados en detrimento de otros. *Incitar* los movimientos propios de cada estrato. *Potenciar* o *pasivizar* las «formas de vida» que, en pocas ocasiones, coinciden con la forma que la conciencia o el discurso —y menos el más ideologizado— quisiera darle. *Envolver* a los cuerpos fuera de toda visibilidad (la temporalidad y la determinación son *ciegas*, en cambio la causa se *visibiliza* en su efecto correspondiente) en el desborde de sus ignorancias y en las interferencias con otros cuerpos. De ahí que nunca se trate de un solo cuerpo, pues *mi* cuerpo es ese tejido conjuntivo en cuanto régimen de afecciones, no sintetizable. «Un solo cuerpo», entonces, podrá ser *representado*, nada más, como «aparato», «esquema», «conjunto orgánico», «actividad pulsional ligada a la representación que le da la existencia», o cualquier filiación útil para una transmisión escolar. Pero, ¿qué podrá un cuerpo fuera de los usos pedagógicos dónde se le impide su propia puesta en escena?

Y, para seguir con un corte, con un punto tildado sin etcétera, afirmaría que toda determinación es básicamente incompleta. No puede ser explicada *en* y *por* sí misma —como la causa—, porque ella no es más que el proceso en que se encadena, alimentándolo sin pausa; proceso que le paga con la

moneda de su permanente desrealización. La determinación es *plena*, así, sólo cuando se de(s)termina.
Su lógica, entonces, estaría próxima a la del *don*
y las *afecciones*; mientras que la de la causalidad
formalizaría los espectros del *regalo mercantil* y la
culpa. Si existe una «acera de enfrente», creo que
son las que diseñan cada una de estas lógicas, y no
la mera oposición entre determinación y libertad
o la hueca complementariedad entre causalidad y
determinación.

Sobre el afán de simplificación

Sin embargo, en este preciso instante, alguien se estará demandando, ¿es necesario hacer distinciones tan sutiles, bastante sofisticadas? ¿Para qué sirven, adónde nos conducen? ¿No se pueden decir las cosas de manera fácil, como para entenderlas rápidamente?

Teniendo en cuenta la vieja prevención de Spinoza hacia Descartes sobre el particular, no estaría de más preguntarle a las preguntas sobre ese desideratum, cosa que dejaré de lado. En sus *Principios de la filosofía de Descartes* objetaba la postura de éste con azoramiento: «No sé lo que quiere decir con ello: ¿a qué llama fácil y difícil en efecto? La araña teje fácilmente una tela que los hombres no podrían tejer sin muy grandes dificultades».

Bueno, aceptemos la sugerencia de aquellos interrogantes y veamos qué ocurre en un ejemplo (se me perdonará detenerme más de lo recomendable en él) de digestión rápida, comprensible a primera vista, de la problemática que nos atañe y que está en la base de las producciones subjetivas. Se trata del término *sobredeterminación* tal como lo difunde, exitosamente, el *Vocabulaire de la psychoanalyse* de J. Laplanche y J. B. Pontalis. La versión castellana estampa *Diccionario de psicoanálisis*. De un «vocabulario» a un «diccionario» hay una gran distancia. Pero, en este caso, la diferencia es nula, porque el tipo de definición (estipulativa) que encabeza los términos de ambos es sinónima. Y esta inscripción —no los distintos usos en la obra freudiana, ya opacados por la definición— es la que ilumina la complejidad del concepto elaborado por Freud.

Escribámoslo tal como está en el mencionado *Vocabulario*. Deberemos soportar su reproducción textual, ya que es parte del mismo juego que posibilita los interrogantes. Allí la *sobredeterminación* está delimitada del siguiente modo:

> Hecho consistente en que una formación del inconciente (síntoma, fallido, sueño) remite a una pluralidad de factores determinantes.
>
> Esto se puede entender en dos sentidos bastante distintos:
>
> *(a)* La formación considerada es la resultante de varias causas, mientras que una sola causa no basta para explicarla.
>
> *(b)* La formación remite a elementos inconcientes múltiples, que pueden organizarse en secuencias significativas, cada una de las cuales, en un cierto nivel de interpretación, posee su propia coherencia.

El sentido *(b)* es el que se acepta generalmente.

Hasta aquí llega la explicitación sobresaliente del término. De una manera suscinta, clara y medida, queda demarcado lo sustancial, ninguna sutileza lo empaña, todo ha sido comprendido de un ramalazo y en esa impronta, asimismo, ignorado.

Los autores aclaran, previo a las especificaciones, que «por muy distintas que sean estas dos acepciones, no dejan de presentar algunos puntos de conexión». Y, es cierto, cuando se trata de «fast-food» las distinciones no importan. Por mi lado, me refugio en el derecho a la sencillez que alguien puede haber reclamado antes. No sé, francamente, cómo puedo entender el concepto de sobredeterminación si el «*Vocabulario*» no define en ningún otro lado el de determinación, cosa que hace con el de catexis para «sobrecatexis» y el de interpretación para «sobreinterpretación».

Ahí se supone, formidable malentendido, que todos sabemos de qué estamos hablando. Pero ¿de qué hablamos?, ¿siquiera remotamente nos referimos a lo mismo? La contundencia y majestad consultivas de los manuales, diccionarios, etc., atrapa inmediatamente al lector como un cómplice dogmático, convirtiendo los conceptos en reclusorios domésticos —donde todo es familiar y asimilable— y no en materia prima de un trabajo indelegable. Entonces, salgamos de la *edipoflía* hacia la trascripción que hicimos de la sobredeterminación.

A simple vista (nos quedaremos en el «simple vista» para llegar a lo que se pierde de vista, que no es poco) notamos que la *sobredeterminación* es captada como un «hecho» que «remite a una pluralidad de factores determinantes». Obviamente, «determinantes» es indistinguible de *causantes*, lo cual convalida la acepción *(a)* de la definición. Ahora bien, ¿una *formación inconciente* puede concebírsela como «hecho», o por las líneas temporales, enmiendas y superposiciones, es justamente lo contrario, lo que viene *des-hecho* para que la interpretación le dé algún sentido? Dejo flotando esta pregunta.

La «pluralidad de factores» que apoyan esos «hechos» pasan a ser «determinantes» si y sólo si «pueden organizarse», de otro modo no hay determinación que valga. Entonces, se presenta la siguiente cuestión, ¿un régimen de *determinaciones* inconcientes puede reducirse a una «pluralidad de factores determinantes» o éstos son los componentes transitorios, lo *determinado* en dicho régimen?

En esta orientación *facto-rialista* del inconciente, si es que puede haberla, ¿no se confunden las efectuaciones de las determinaciones inconcientes con los datos de las significaciones preconcientes? La acepción *(b)* parece confirmar esta sospecha. Si la «organización» es el requisito para que haya «determinación», aquélla no debe ser una organización cualquiera, sino de carácter sistemático («secuencias significativas» donde «cada una [...] posee su propia coherencia»). Simultáneamente con el desplazamiento del inconciente al campo de una concepción sintactista y preconciente del mismo, se produce un relativo vaciamiento de la interpretación psicoanalítica. Esta, a su vez, se organiza en «niveles» que ordenan «elementos», «factores», «varias causas» y otras unidades regladas, que despojan a la *Deutung*, interpretación, freudiana de su atributo más relevante, el del ser *Arbeit*, trabajo, para darle otra ocupación, la de acomodarse en una «teoría de los niveles» que se irá constituyendo de manera progresiva o establecida en algunas series complementarias, hasta encontrar el sesgo adecuado y coherente que le dispense su validez.

Sobre el final del ejemplo, debo confesar que la extrema transparencia de la «sobredeterminación» (que ignoro *por qué* se la llama así) en psicoanálisis —según el frecuentado *Vocabulaire*— me ha dejado totalmente a oscuras respecto del aporte freudiano al asunto y el desasosiego de que su invención ha quedado sustituida y sepultada por «factores», «varias causas», «secuencias significativas», representaciones inequívocas de lo que, por principio, no estaría sujeto, ni lo sería, de ninguna representación. En resumen, es esa claridad, ese facilismo difusorio, lo que me parece rebuscado, sofisticado, es decir, arrasador de la multiplicidad y complejidad de los conceptos y donde el inconciente, su virtualidad y eficacia, desaparece en la transparencia significativa de lo preconciente. Dicho en pocas palabras: se cambia totalmente el «objeto» de estudio del psicoanálisis y se confunden, definitiva e irremisiblemente, causalidad y determinación.

En el origen, un desgarro

Falta, todavía, una escala en este apartado; escala que nos conduce hacia el problema del origen. Podemos conjurarlo, tornarlo antagónico de otras nociones,[109] defenderlo como lo propio y distintivo, como lo remoto cercano que nos otorga identidad, etc. Cualquier opción es razonable. Pero lo imposible es evitarlo, sea como cuestión o dilema, porque en él se oculta por un lado un principio fuerte de causalidad y la probabilidad de que se haya transpuesto eso mismo a la determinación, como *origen* de lo determinado.

Una restricción que desearía hacer es que la noción de *origen* no puede ser abordada directamen-

---

[109] Por ejemplo, cuando se ejerce una atendible pasión erística y aparece el *comienzo* (figuración hegeliana) contra el *origen* (problemática de los principios y la genealogía y la razón en el pensamiento occidental). Para llegar a algún esclarecimiento del asunto los partidarios del *comienzo* deberían actualizar el estatuto de la dialéctica, la verdad y la memoria, y el más nodal: explicitar la idea de tiempo que se utiliza. En cambio los partidarios del *origen* tendrán que rehacer sus trayectos, armar sus principales genealogías y señalar las modalidades de su empleo co-textual y contextual, convalidar o desmontar sus filtraciones teológicas y aceptar o no sus aglutinaciones mítico-patrióticas.

Los que no tocamos completamente fondo ni en una ni en otra posición aprovecharemos, cautamente, las *elucidaciones* que ambas nos sepan brindar.

te. Hay que rodearla. En su acepción más común, el *origen* remite a una instancia mítica, fundadora y unificante, donde las distintas entradas y salidas temporales coexisten en una maciza simultaneidad detenida, también llamada «tiempo mítico». A partir de él las incursiones serán especializadas, como la sucesión en nombre propio (*Cronos*).

Claramente, la recurrencia mítica genera un relato unificador acerca de la armonía original que reinaba antes del pecado, el tiempo o el fuego entregado a los hombres, degradaciones de la armonía instaurada y, por lo tanto, del origen. La dimensión mítica fracasa, padece indeciblemente, cuando debe arrojarse fuera, separarse de su unidad primordial. Pero el origen (*origo*) también establece un desafío con esa reclusión sincretica, tiende a deponer esa atracción, a descentrarse en el sol sin ombligo, a salir (*oriri*) extramuros. Este sentido del origen ya es la mención de una ruptura con la ilusión mítica, un esfuerzo, en la misma lengua, por arrojarla al costado.

En el brotar del origen (otro de sus aspectos) consiste la trascendencia, el rebasamiento constante al mundo y a las relaciones con los demás hombres. Como tal, *origen* es olvido del espacio mítico y conexión redefinida, en una praxis histórica, con una tradición de referencia. Así el *origen* es un trabajo de resignificación que pone de manera reiterada lo que ha sido en el por-venir. Desde esta perspectiva el *origen* no debería ser objeto de proscripciones, tales como las que poblaron su tratamiento a fines del siglo XIX y que se extendieron hasta pasada la mitad del XX. Siempre a través de él algo merece volver a pensarse, ser rememorado, para evitar los sacrificios útiles e inútiles. Nietzsche, en un parágrafo de *Aurora*, decía que el conocimiento del origen —no aceptaba su desconocimiento radical— aumentaba su insignificancia.[110]

La insignificancia sólo era propiedad de quien elaboraba lo *originario*, es decir, de aquél que podía tomar nota y distancia, sin caer en una nostalgia del retorno. Más allá de las variaciones en que la vayamos detectando, lo cierto es que la noción de origen transita por múltiples disciplinas, dispara conjeturas (como las del «origen del hombre», del «universo», de las «lenguas», etc.). Provoca censuras y cesuras, y así permanece debajo de lo tachado y del otro lado de la barra haciendo señas. Posibilita derivaciones: original, originario, originalidad, etc. Sufre identidades forzadas, cuando «el origen de esto...» es similar a «la causa de...». Violencia de orden civil cuando se configura como primario respecto a lo secundario o como primitivo en relación

---

[110] In-significancia dionisíaca e imposible en *El origen de la tragedia* y potencia desmitificadora del «origen de todos los valores».

a lo civilizado. Y, más aun, cuando lucha para que la «réplica», la «copia», la «traducción» o la «reproducción ampliada» no abandonen el tenue hilo que los liga con el original.

Walter Benjamín, en *La obra de arte en la época de su reproductibilidad técnica*, ubica magistralmente el *shock* («la obra de arte pasó a ser un proyectil»), el *aura* («manifestación irrepetible de una lejanía») y el clima epocal en que se libra el singular combate. Y en *La tarea del traductor* indica la deuda que existe entre el original y la traducción. Ésta debe llevar a cabo el contrato que aquél le impuso para trasladarse de una lengua a otra. Así la traducción, mediante el traductor, asegurará —por contrato— que el original sobreviva, el cual, a su vez, será el testimonio de origen del cumplimiento contractual. El *origen*, de este modo, no se resume en algo «perdido» o en la raíz de «lo originario», sino incorpora el problema del testimonio, ya que resta para testimoniar lo que se ha cumplido, revocado u omitido. La traducción, con Benjamín, rompe el ingrato destino de ser un suplemento coexistente al lado del original y éste el de ser un exigente juez de literalidad.

Hemos registrado algunas voces que expresan la problemática que ronda la cuestión del origen, lo original, lo originario, etc. Una polifonía más amplia —sería auspicioso un cuidadoso relevamiento en distintos dominios— rebasa la finalidad de este trabajo. Sin embargo, no implica que olvidemos los dos ramales de una vía por donde ha marchado regularmente desde hace veinticinco siglos, aunque debamos comprimir tantas ramificaciones en pálidos señalamientos.

Una es el principio de subyacencia (el *sub-iectum*) que hace causa instaurando la razón como totalizadora. Otra, cuya variante nos interesa, que *fundamenta* la coexistencia abisal de la autonomía en la determinación misma. En suma, el problema del *origen* ha sido derivado por dos brazos de un solo canal: el del principio (*arjé*) y el del fundamento (*Grund*).

Aristóteles es el primero, como indiqué, en especificar los distintos significados del término *principio*, en hacer de las «causas» principios, así como a los «elementos», «la razón discursiva», la «causa final», etc.[111] Con las conclusiones de Aristóte-

---

[111] No estará de más reiterar este «ayuda memoria» del *padre* de la concepción causal. En su *Metafísica, libro V* establece que «I. Principio se llama a esa parte de una cosa desde donde se puede iniciar el movimiento», pero también «Principio se dice de esa parte primera aunque no inherente a partir de la cual algo se engendra». Y, asimismo, será un principio la forma por cuya elección hay movimiento y cambio. Por ejemplo, se denominan principios a los magistrados en las ciudades, las oligarquías, monarquías, tiranías, etc. Por otro lado, «II. Causa se dice, en un sentido, a aquello a

les, saltando por encima de los alias, desembocamos en el «principio de razón suficiente», que tiene, en Leibniz, formulaciones apropiadas.[112] Sintéticamente estipula: «nada acontece sin razón» o «todo lo que acontece tiene una razón». Su deber es doble, subsistir a lo que ocurre de forma universal y necesaria. De otro modo, habría cosas que existirían sin ninguna razón y darían paso a una miríada de verdades que contradirían (el principio de *no contradicción* es tan central como el de *razón suficiente* para Leibniz) la naturaleza misma de la verdad que fundamenta la situación del existente —una «mónada» como otras— en el mundo.

La panorámica nos ilustra sobre lo que implanta y autoriza proyectar un principio, tomado en su definición, en particular el de «razón suficiente». Desde sus inicios se enlaza circularmente con la causalidad y en ese sentido se consolida como un fundamento autosuficiente, intrascendente, clausu-

---

partir del cual algo se engendra y que permanece inherente a él», ya que «las causas tienen tantas acepciones como los principios, pues todas las causas son principios».

[112] En la *Theoría motus abstracti* dice que «nada pasa sin razón». Y en la *Monadología* asevera que por el *principio de razón suficiente* «consideramos que ningún hecho puede ser verdadero o existente y ninguna enunciación verdadera sin que haya una razón suficiente para que sea así y no de otro modo». Como se podría observar, Leibniz juega con la polisemia de la palabra «razón» (causa, motivo, justificación) lo que le permite totalizarla como fundamento y verdad.

rado en su eterna reproducción generativa. En esa perspectiva que falta, un fundamento es un plegado sustancial, que como tal origina lo desplegado a partir de él. Así se presenta *completándose* aunque sin aberturas («Las mónadas no tienen ventanas por las cuales alguna cosa pueda entrar o salir en ellas», afirmaba Leibniz), declarando a la esencia de la subjetividad como sustrato (*sub-iectum*) individualizante.

Pero esto es sólo la culminación de una concepción *razonable* de los principios transfigurados en fundamentales. Podríamos decir que es una ruda filiación histórica, ampliamente legitimada, que alimenta múltiples narraciones, unas más verosímiles que otras, sobre el origen, el principio o el fundamento.

También, existe un sendero lateral que me gustaría desandar fugazmente a guisa de conclusión. En éste el fundamento (*Grund*) no se autosatisface, reclama un suelo para lo que sería la representación de cualquier basamento posible. Porque, con antelación a instalarse en la captura unificante, él ha sido absorbido por entero en el ámbito de la representación, un equívoco (que subyace en la palabra «representación»), sin duda, que supone el propio argumento (*Beweisgrund*) como motivo (*Beweggrund*), razón de (*Ur-grund*) y causa primordial a partir de lo cual todo tomará diversos rumbos. Un principio tan definitivo no sólo es arranque de sus muestras, sino lo principal en la escala jerárquica que le toque propiciar.

En cuanto sometemos el principio que sea al rasero del devenir, las historias construidas y destruidas incesantemente, de la temporalidad y trascendencia (salida de la fusión primigenia), que son el fundamento de la existencia práxica o ser-con-otros, se corta en otra dirección. Transita por los «caminos de la libertad» que determina un fundamento del fundamento, ya que su origen se impone como tal en un acto de libertad inicial. Y, así, como *sub-iectum* de una gran eficacia histórica.

La libertad —en este enfoque— instaura un orden distinto al del origen sincrético, sin que eso indique renunciar a mantener un modo peculiar de filiación originaria. Filiación que no nos catapulta hacia atrás de la línea procesual escogida. Esto lo realizaría únicamente un origen ubicado en el despegue de una cronología observable como mitema. La libertad como fundamento (*Grund*) solo es siendo, es decir como acontecimiento (*Ereignis*) histórico acotable desde múltiples perspectivas grupales, institucionales y comunitarias. Considerada de tal forma no precede al origen nucleado en sí mismo, sino que funciona bajo la doble condición de acercar un futuro liberado de su punto final y de implantarse como diferencia radical con un origen dado de una vez para siempre. Así olvida su sueño de cimentar la quimera de la unión patriótica, racial o gnoseológica. En una palabra, se convierte en el abismo (*Ab-grund*), diferencia incalculable, de un fundamento (*Grund*) que se creía realizado desde el *principio*. Y, también, en un principio inquietante de su des-fundamentación.[113] La libertad en esta posición, abierta por el *abismo* ontológico, sólo es haciéndose. Eso está en su origen. Pero creo que omite, sin adentrarme en sus argumentos, que el reconocimiento de un origen, sea cual fuere, no implica su asunción y menos su difusión ampliada y convincente. El origen entraña una *responsabilidad* propia como base, la de su apropiación constante mediante una crítica elucidatoria y una praxis transformadora, precisamente de los propios orígenes. Caso contrario, los nacionalismos se filtran imparables, más allá de la voluntad de imponerlos.

La crítica del fundamento como origen sin grietas tiene un sesgo distinto, pero de igual tonalidad, en el discurso marxista.

¿Quién no ha recurrido o tenido noticias de ese Borrador (*Rohentwurf*) que Marx fue escribiendo

---

[113] Para Heidegger, por ejemplo, el «origen» (*Ursprung*) es la diferencia —ontológica— misma. Otros en cambio marcan la imposibilidad de hablar, según el plano en que nos situemos, de un solo origen. Michel Serres, p. ej., establece cinco orígenes diferentes de la geometría.

durante los años cincuenta del siglo XIX, para «dar
vuelta» y marcar el «abismo» que lo separaba de
la *Economía política clásica*? Entre esos escritos se
encuentra el inolvidable e inagotable *Método de la
economía política*, amén de otros que perduran a
través de sus sugerencias.

M. Rubel, en *Karl Marx. Ensayo de biografía
intelectual*, recuerda el horror de Marx a cualquier
mención de completud. Al preguntársele unos años
antes de morir sobre la posibilidad de editar sus
obras completas, respondió tajantemente: «primero
habría que escribirlas».

Dejando de lado ahora recordatorios y anécdo-
tas, sin embargo relevantes para lo que deseo pun-
tualizar, intuimos que el prestigioso equipo que vir-
tió al castellano los *Elementos fundamentales para
la crítica de la economía política: Borrador*, se topó
con un límite para destacar la resonancia del término con que comienza el título de la obra. Quizás
para no inducir algo que, a sus lectores, podría pa-
recerles un galimatías. Quizás porque no se reparó
en lo que el lenguaje ahí dice, elementos (*Grundrisse*). Ellos son, habitualmente, los elementos o
partes que sirven, por ejemplo, para componer un
manual de estudio o consulta. Ese puede ser su sentido más plano, orientado pedagógicamente.

Sin embargo, la trama de los mismos en los manuscritos señala otras disposiciones del lenguaje y

de las operaciones críticas que Marx llevaba a cabo, así como de su aversión a la completud que menciona.[114] Los *Grundrisse* promueven algo más que sustrae y excede al elemento (*Element*) neutro. Y es así como se convierten en arietes de una acción demoledora. Ese «algo más» está mostrando el desgarro (*Risse*) del fundamento (*Grund*), la abertura diferencial —no se habla de «economía» ni de «política» como en la Economía Política— y lo que ha devenido agrietado (*rissig werden*) en su origen. Por eso la *Kritik*, ante todo, se revela como un acto fisurador que da su propia versión del fundamento, no se deja atribuir uno a la medida, y de su diferencia inaugural. Si fuera de otra manera, sería lo acostumbrado, un mero procedimiento de análisis.

La libertad crítica, en Marx, asume entonces la responsabilidad de sus operaciones para no ser «ancilla» de la fe, el mercado, el estado u otro amo de turno.

---

[114] Una puntualización. La idea de *Kritik* en Marx implica la atracción por la lucha que esa *Kritik* desencadena, el vivirla como abierta por el *Riss*, rasgo que se halla en noble reciprocidad con lo que se confronta. Es en esta perspectiva, y no en la de un simple *borrador* que los *Grundrisse* son un plan fundamental, un proyecto transformador, un diseño de armas de combate, una experiencia de vida y un bosquejo *original*. Una acotación: la *Kritik*, además, implica una «negación del comienzo», de la «Robinsonada» que arrastraba la *Economía política clásica*.

Bueno, estimo que con las modalidades acerca del *fundamento* y el *origen* —que debemos reconocer como minoritarias— esbozadas, nos encontramos lejos de cualquier tipo de «unificación», por imperceptible que sea. Por otro lado es esa crítica liberadora, abismal, la que habita en la determinación, que registra su trazo de origen partido en la de*s*terminación. Y ésta, en su desvío fundamental, resta coperteneciendo a una determinación suspendida de su devenir. Una de(s)terminación así concebida es libremente responsable, porque retoma su propio origen rasgado y como tal lo asume, sin culpa, sin recusaciones vergonzosas.

La de(s)terminación en su singularidad
El nocepto[115]

La desterminación mantiene con la determinación, como vengo mostrando, una relación originaria, extremadamente más intensa que la de una mera implicación. El giro escritural grafica esa copertenencia de una manera inequívoca. Desde ningún ángulo es posible pensar en algún tipo de conexión interna o de después. Tampoco funciona oponiéndose a lo que finaliza, posee una meta, acaba o termina, salvo que la circunscribamos a una forma de *actualización* remitida al contexto específico donde opera. Esto es así, porque nada hubiésemos ganado con introducir un nuevo dualismo —terminado/desterminado— entre los infinitos ya existentes.

Por otro lado, lo que *termina* entraña ideas de tiempo (escatológico) y de proceso (fases dispuestas en relación a una terminal) ajenas e irreconciliables con las que se particularizan en la desterminación. Así es, básicamente, una garantía práxica, un acto continuo, que tiende a desarmar (es decir, a condonar la multiplicidad y complejidad arrebatadas a las formas de existencia) cualquier binarismo que

---

[115]He acuñado este término (aglutinación que posibilita nuestra lengua) para distinguir, con la mayor concisión posible, el estatuto multiplanar de la desterminación.

oculte con su poder capturador esas propiedades reales. Y por todo eso ignora eficazmente la complicidad, la asociación ilícita con lo no-acabado, pues se concreta en otro plano, en una apertura hacia lo determinado, a lo que permanece, en cierto modo, *modi-ficado*. Lo que permanece no es otra cosa que lo que per-dura como pasado deshilachado y vuelto a rehacer entre líneas de sentido actuales e inactuales, históricas y en devenir.

Entonces la acción de*s*terminativa siempre deberá ser la pasión —no el «objeto»— de un circunloquio, ejercida frente, al costado o bailando sobre las barreras fronterizas. Para ello debe soportar el sentimiento desolador de Leibniz («'Creía estar entrando a puerto, pero [...] fui rechazado a alta mar»), no renegar de sus *precedentes*, que todavía son un conjunto ignoto ya que ellos encajan precisamente en lo no-dicho, en lo impensado y también en lo dicho a medias o en lo pensado como un balbuceo. Y creo que es necesario diferenciar claramente entre «precedentes» y «padres precursores». Los primeros modulan el pasado como lo que no acaba de pasar, de ahí que siempre estarán por venir, es decir: en cuanto sean trabajados como *precedentes*, en caso contrario serán meros antecedentes para un archivo. Los *precedentes* ofrendan una liviana orfandad, la tarea de ser padre de uno mismo.

Los «*padres precursores*», en cambio, han fundado las líneas, sólo dentro de las cuales el futuro es posible. Por eso sus hijos están siempre predestinados *para...* o destinados *a...* ser reabsorbidos en ellos, a *precursarlos* constantemente y a desempeñar la tarea de los héroes o de los *number one*, que, ironicamente, forman una verdadera masificación de «números uno».

Ahora bien, deslindados algunos aspectos básicos de la de(s)terminación, se nos plantea una cuestión lateral respecto al plano epistémico de la misma. Otra vez surge la pregunta[116] de si la de*s*terminación, en esa indiscernibilidad originaria, será una noción o un concepto.

Esta emergencia no es casual. En éste y otros textos recurro continuamente a «sintagmas cristalizados», más particularmente a «enunciados de creencias», cuyos ecos se conservan en diversos análisis. Esas *frases hechas* o *dichos consumados*, como también se los llama, son fascinantes, sobre todo por su carácter de «dichos» (conformaciones petrificadas) y de «consumación» (del lenguaje en el tiempo). Y, además, porque se ofrecen por única vez, en cada ocasión donde son repetidos. De esa manera fungen como formas mínimas y oblicuas de

---

[116] Ya me la había formulado y respondido, parcialmente, en *La explosión del sujeto*.

contacto y conocimiento. Aun en nuestra tan mentada «lo que mata es la humedad» (imposible en Madrid) no se designa ninguna «muerte» por algo tan pregnante e indefinido como la «humedad», sino se intenta hacer contacto con un semejante que sirva de base para una eventual conversación, que puede versar hasta sobre el tiempo que, a poco, será la temperatura política, cultural o futbolística.

En esas formas mínimas y oblicuas de conocimiento se trata de tener una «*notitia*» —una «noción intuitiva» según Occam— del otro y acerca de lo que se está hablando. Asimismo implican un campo perceptivo visual, auditivo, gestual, así como la gama de entonaciones que marcan inserciones sociales concretas. Modalidades comunicativas que transcurren por niveles personales, colectivos, locales, globales, textuales, mediáticos y que trascienden a todos ellos. Juegos retóricos (persuasión, utilización de tropos) que requieren un entorno cotidiano, comprendido tanto por las ceremonias de reconocimiento (saludos, agradecimientos, pertenencias, etc.) como por el lugar compartido. Como es notorio, en la de*s*terminación inciden las nociones básicas que, a su manera, componen —un ejemplo serían los «enunciados de creencia»— sus voces y espectros temporales, aunque obviamente, no pueden maquetarse totalmente en ellas.

¿Será más prometedor, entonces, el asunto por el lado de los conceptos? En una de las páginas referidas en la nota al pie, afirmaba —apoyándome en la formación de la palabra concepto— que «conceptualizar será siempre operar por síntesis sucesivas, favorecer una partida de caza». Esta visión, un poco depredadora, era relativa a la estrategia que subsumía a los conceptos en la «identidad y universalidad», como aspiraciones preferenciales. Y, sabemos que, más allá de las vaguedades que pueblan al término concepto, la «universalidad» fue la vía regia por donde se los quiso encaminar durante siglos, privándolos del acto creativo que los construía pacientemente. Fueron el *patrón de cambio* del conceptualismo. Se equipararon a las «ideas» con Descartes. Semejaron el «marco» apriorístico del entendimiento para que una experiencia sea objeto de un conocimiento posible, en Kant. Ahí nacieron los célebres «marcos conceptuales». Operaron como sinónimos de los «significados» y «descripciones abreviadas» —reductoras— útiles para diseñar sistemas de clasificación o clases de definición, en diferentes autores. Se ofrecieron como «mediadores» o «terceros» (*Drittes*) entre el ser y el devenir, lo inmediato y la reflexión en la *Doctrina del concepto* de la lógica hegeliana. Y así, dando traspiés, intervinieron en la lucha por la «objetividad» o la «subjetividad» de sus caracteres esenciales, o se constituyeron en elementos centrales de impresionantes clasificaciones (véase al respecto la *Lógica* de A. Pfänder).

En una palabra, sus destinos fueron múltiples, enciclopédicos, propedéuticos, mercantiles, etc. Pero siempre tuvieron, en un plano fundamental, notas salientes. En *primer* lugar, son el punto de confluencia de narraciones anteriores, cuyas señas actuales remiten a conceptos insertos en el concepto tratado. En *segundo* término, su composición heterogénea no indica que sus componentes puedan ser tomados por separado —al modo *individuum*—, sino que están ligados por mutuas afecciones, por un régimen de *mutualidad* abierto hacia todos lados.

A esta *endoconsistencia* del concepto marcada por devenires, zonas, umbrales, que definen su consistencia, le corresponde una *exoconsistencia*. «Con otros conceptos, cuando su creación respectiva implica la construcción de un puente sobre el mismo plano. Las zonas y los puentes son las junturas del concepto», como subraya G. Deleuze al situar el acto creativo en el núcleo del *concepto*, diferenciándolo de la *proposición*, específica de la lógica, y del *percepto*, perteneciente a la estética. En último término, los componentes de un concepto y sus inéditas relaciones son variaciones (ni constantes, ni variables) a la manera musical, que expresan continuamente el acontecimiento, «no la esencia o la cosa». Así, es «real sin ser actual, ideal sin ser abstracto [...] El concepto se define por su consistencia, endoconsistencia y exoconsistencia, pero carece de referencia, es autorreferencial, se plantea a sí mismo y plantea su objeto al mismo tiempo que es creado», reitera Deleuze buscando el esplendor del concepto en su autoorganización irreferente e irreverente hacia cualquier atrapamiento del mismo en formaciones discursivas, ya que éstas ligan proposiciones, no conceptos.

La pedagogía filosófica del concepto o de su composición y creación, que esbocé a grandes rasgos, es la que sostiene Deleuze. Esta perspectiva de los conceptos busca, con un talento inigualable, librarlos del maltrato, desidia e ignorancia con que han sido abordados en otras disciplinas. Particularmente en la lógica y su obsesión por el sentido o sinsentido de las proposiciones filosóficas. El tristemente célebre opúsculo de R. Carnap, *La superación de la metafísica por medio del análisis lógico del lenguaje*, sería el modelo de persecución, en cuyo punto de partida estaría el fabuloso malentendido entre proposición y concepto. Y a esta auténtica plaga —*encarnapda*— se debe haber referido Deleuze sin mentar el texto ni el autor.

Considerados, entonces, los usos vagos y estrictos del concepto, intuimos que la desterminación no encaja plenamente en ninguno de ellos. Busco ir precisando mi pensamiento en diversas coordenadas, echar mano de múltiples elucubraciones, rumiar textos, gestos e indigestas amnesias, interrogar restos de diálogos (no de comunicaciones que siempre tienden al consenso) abandonados sobre la mesa de un foro o *notitias* desvanecidas sobre la mesa de noticias. Nada del conjunto mencionado podría rotular mi empeño de filosófico, puesto que la filosofía tiene una pureza de la que, palmariamente, carece este «centauro», como lo denominaría Alfonso Reyes. En cambio sí podríamos calificarlo de pensamiento sutil o realizativo, abierto desde una temporalidad historizada y el trabajo con una materia prima diversificada.[117]

La utilidad de tal quehacer solo podrá valorarse en una situación histórica determinada. Llegados a este punto percibimos que la de*s*terminación no juega en el baldío de las nociones ni en el dominio de los conceptos. ¿Lo haría en ambos conjuntando territorios? o ¿participaría por mitades en cada uno de ellos? En suma, activaría sumándose o dividiéndose para sustraerse a los agregados dos modos clásicos de funcionamiento. O, más todavía, ¿el derrotero que sigue la de*s*terminación no sigue estan-

---

[117] Para ver los caracteres otorgados a la *materia prima*, me permito remitir a mi libro *Notas mínimas para una arqueología grupal.*

do definido por la negatividad?, ya que *ni* nociones *ni* conceptos constituyen su umbral multiplanar. Es cierto, está atravesada por un doble rechazo. Exigencia, de sesgo epistémico, que le permite ahondar en su positividad inmanente, impulsar su propio orden de variaciones, restando chances a los encapsulamientos que provengan de otros aconteceres. Aunque, desde otro ángulo, también son meridianos los acoplamientos entre los cuales va derivando, sea la *pulsión freudiana*, el *implexo* de Valery, el *fetichismo* en Marx, el *silencio* en Beckett o un largo listado que no cabe aquí. Recién ahora, podemos arriesgar, como decíamos en la «perífrasis» del comienzo, un intento de solución de la cuestión explorada, o sea: tener la capacidad de *plantearla* y *nominarla*. En este punto es la de*s*terminación la que empuja el nombre propio de su región experiencial: el *nocepto*.

Todo lo que en él parece concurrir surge y desaparece inmediatamente. Lo que semeja una unión es, simultáneamente, un cruce. La aglutinación visual indica, en paralelo, un clivaje o una bifurcación, como se lo quiera ver. La reunión lexical supone la fisura entre éste y aquel vocablo y acciones. Su compleja aleación —de ahí su principio de impura realidad— está enclavada en las multiplicidades que disparan líneas expansivas y ordenadas, enemigas de la arbitrariedad que impondría una voluntad rectora. Tomado en este horizonte peculiar, el *no-cepto* es un indecidible, y modaliza, desde lo que promueve, tanto a las nociones que lo imantan como a los conceptos que asimila. Y no es traducible ni a unas ni a otros.

En ese doble rechazo, como subrayaba, delimita su positividad in-negable, hace su diferencia de(s)-terminándose rigurosamente.

Pero, además, dicha positividad está jugada por entero, al igual que todo lo pensado, en la idea de tiempo, o si se quiere de temporalidad que la impulsa en sus eventuales despliegues. A lo largo de este y otros escritos he ido *ensayando* una amplia gama de sus matices, pues conjeturo —por todo lo que ignoramos con respecto al tiempo— que sólo podemos abordarlo a través de sus matices.

Desobjetivación y no atribución

A modo de conclusión provisoria, que como todo corte supone suaves e irregulares continuidades, es menester caracterizar lo que resuena en éste y otros textos precedentes. Se trata de un pensamiento sutil inquietado por sus propias búsquedas, formulaciones parciales, desencuentros reiterados, felices aproximaciones y demás puestas en marcha. Aunque también serenado por distintas tomas de perspectivas y líneas en fuga de sí mismo.

Haré, entonces, una breve caracterización de los dos modos clave bajo los que concibo el pensamiento realizativo.

Un *modo* toca a la *desobjetivación*. La objetividad como ideal laico de las ciencias, extrapolado de unas a otras sin las adecuaciones pertinentes, generó una verdadera pasión fetichista. Se invirtieron las cualidades específicas de los procesos reales, su complejidad, no linealidad, inestabilidad, etc., en función de lo constituido, sea como un «constituyente inmediato», «objeto regional» o «global».

Por otro lado, en el mismo movimiento, quedaba excluida o consagrada la subjetividad, en cuanto polo relativo. Así la relación sujeto-objeto se impuso como la única relevante de los actos de conocimiento. El rechazo hacia cualquier otra forma que insinuara su presencia desencadenó una transmisión dogmática y una certeza narrativa que borraban toda problematicidad, aun cuando lo que se abordara fuera precisamente una *problemática*.

De ese modo se instalaba la validez, legalidad y objetividad para un receptor ideal. La *invariancia* —principio de constancia del objeto— era a la vez la condición universal, principio de validez de su posibilidad conceptual. Pero resulta que paulatinamente comenzaron a esfumarse las conexiones únicas, emergieron otras que esgrimían los mismos derechos que los del vínculo sujeto-objeto. Y surgían con fuerza indelegable, constituían sus protocolos de investigación, el universo de sus cuestiones y cuestionamientos, el valor de sus interrogantes, la ponderación de sus descubrimientos, las maneras de ser afectadas por la tradición de sus respectivos dominios, etc. Y más inobjetables, aunque siempre discutibles, se volvían los diferentes posicionamientos que movilizaban las expectativas, proyectos y realizaciones de cada ciencia o disciplina, en sus universos particulares.

Por una parte levantaban censuras y cegueras de lo que estaba ahí desde tiempos inmemoriales, es decir, recuperaban un trazo de memoria para las «cosas mismas». Por otra, alentaban el mesurado olvido de los mundos transparentes (por ejemplo, la relación unívoca entre la esencia lógica del lenguaje y el orden del mundo que proponía el primer Wittgenstein y recusaba el segundo), ubicuos, sometidos a las ecuaciones lineales, al ombligo de las definiciones o al exorcismo de las zonas de opacidad. Sin embargo, en estas nuevas vías la *objetividad* no era desechada, ni se trataba de entronizar el imperio —igualmente fetichizado— de una refrescante *subjetividad* montada sobre su capacidad de olvido. Por el contrario, la *objetividad* es situada donde le corresponde: en un régimen casuístico determinado, o, resumiendo, como un caso entre otros. De esa forma, cede el lugar de *centro* que el imaginario científico le había asignado junto a promesas de eternidad. Todo lo anterior permite calificar la *desobjetivación* como una práctica esencialmente afirmativa; práctica que ejerce un desmontaje radical de las objetividades instituidas, manifiesta la temporalidad de sus componentes y estimula la creación de nuevos diseños realizativos.

El *acto de desobjetivar* será, entonces, unir los pasos con sus sombras una vez que el objeto se ha desvanecido.

El otro *modo* apunta a lo que llamaría el estado afectivo de *no atribución*. O, si se quiere, de hacer imposibles las atribuciones que vengan de pretensiones mundanas y del palabrerío mediático o hecho a su imagen y semejanza. Dicho estado pertenece al campo de la disposición ética, de la sensibilidad estética, de los juegos de nominación-dominación, tácticas discursivas y estrategias de poder en el horizonte del lenguaje.

De entrada implica desacreditar activamente los rótulos generados en territorios ajenos. Ellos desean ser la impronta duradera de múltiples registros perceptivos, formas de vida cotidianas y despliegues comunicativos. Un claro ejemplo de esto, en Argentina, es el de llamar —y dejarse apellidar— a un hombre que tiene opiniones o posiciones políticas de izquierda, «zurdo». Este apelativo es de uso frecuente y extendido. Digamos que se ha popularizado sin reparos. Y, sin embargo, no se ha gestado en los intercambios populares, sino que proviene de aparatos especializados de represión y desaparición («por algo será»). La connotación primordial de «zurdo» es la de aquello que debe ser exterminado. Su vulgarización consensual jamás ha desmentido el halo de sentido que lo rodea. Y, al hacer esto, legitima el manejo represivo del nombre.

Por eso exige rechazar las ligeras traducciones a marcos categoriales (morales, psicopatológicos, gnoseológicos, etc.) que intentan borrar la paciente labor de singularización en varios planos.

De ahí que sugiera mantenerse distante de las formas de sustantivar que ansían encarcelar una diferencia (p. ej., minoritario) en un nombre habitual (minoría). Mientras reclama neutralizar y desligar las maniobras de *Estado* (marginalización, no viabilidad económica, lobby en lugar de participación decisoria, etc.) de los peculiares *estados de ánimo* en los que busca encarnarse.

Y, finalmente, alienta el rechazo de las *fusiones indiscriminadas* (por ejemplo, entre causalidad y determinación) o las *falsas oposiciones* (por ejemplo, entre determinación e incertidumbre). Ambas operan bajo dos formas profundamente reaccionarias. *Una* extiende la *igualdad* en el tiempo, donde toda novedad desaparece por ser apenas la réplica de un original sagrado. *Otra* sentencia: «ya todo está escrito», donde el discurso teológico, basado en algún libro fundamental, es el modelo de lo que pueda escribirse, e inclusive decirse, *in eternum.* Y no hablo particularmente de libros religiosos, tras sus patrones corren innumerables, los de variadas ciencias y disciplinas.

Para esta última modalidad ya no será necesario leer —menos críticamente—. Sólo bastará con rezar frente a la definitividad de la letra.

La potencia afectiva de *desatribuir* será, entonces, dislocar el nombre lanzado hacia el exterminio de una realidad posible y su sueño.

En suma, la *desobjetivación* y la *desatribución,* como están ejercidas en diferentes textos e intervenciones, son las complejas prácticas de un pensamiento haciéndose en fugaces duraciones.

Colofón

Final de este viaje. Su punto de llegada no es otro que el de partida lanzado a sus incalculables metamorfosis. Su crisálida: una ética determinada de la responsabilidad.

¿Los senderos para su despliegue? Todos los que podamos abrir, sabiendo que trabajar en ellos será producirlos como transitables. Sin esa labor la maleza se cierra sobre ella misma, la invade el silencio y el paso se congela.

Para eso hubo que deslindar la causalidad de la determinación, y ésta someterla a su erosión íntima. La idea que impulsa mi elucidación crítica de la causalidad, y la dramática de las afecciones conceptuales, sería ésta: en el corazón de la determinación yace una compleja ética de la responsabilidad. Ella cualifica el vuelo de la verdadera libertad; aquella por la que uno llega a ser lo que es. Seguir sus pulsaciones, arrojarse a sus corrientes, es lo que desde siempre tuvo el nombre de transformación, un llamado a sacudir el injusto letargo de las cosas.

APÉNDICES

APÉNDICE I

La crítica persistente de Hume a la idea de conexión necesaria no tiende, según su aclaración en el *Tratado*, a su invalidación ni a restarle la importancia que posee en todos los campos científicos. Sólo busca demoler los excesos de su implementación. En su *Investigación sobre el conocimiento humano* acepta que tiene una «única utilidad inmediata», pues «gracias a ella podemos alcanzar alguna seguridad sobre objetos alejados del testimonio actual de la memoria y de los sentidos». Dicha «utilidad inmediata» atraviesa a las distintas ciencias, cuya misión es «enseñarnos cómo controlar y regular acontecimientos futuros por medio de sus causas».

Cuando aparece una causa *siempre* (término que marca el verdadero contenido de la causalidad) «comunica a la mente por una transición habitual la idea de efecto».

Para dar cuenta del pasaje de la causa al efecto o al revés, asunto que Descartes abandonó por sus dificultades, Hume acude para su elucidación al *hábito* y la *creencia*.

Si sólo se trata de acotar, sin invalidarla, la idea de conexión necesaria, ¿cuál será la tarea contínua, no evidente, en la que está empeñado Hume?

Para ello es necesario considerar sus dos ideas de causa tal como las vierte en la *Investigación*.

Sintetizo con sus palabras la primera: «podemos, pues, definir una causa como un objeto seguido de otro cuando todos los objetos similares al primero son seguidos por objetos similares al segundo». La regla es que «la aparición de una causa *siempre* [subr. mio] comunica a la mente, por una *transición habitual* [por la configuración de hábitos] la idea del efecto». En este aspecto se trata de la unión de objetos semejantes.

Enseguida marca la segunda delimitación de causa que constata como «un objeto seguido por otro y cuya aparición siempre conduce al pensamiento a aquel otro». Desde este ángulo señala la inferencia que hace el espíritu de un objeto a otro.

En verdad estas definiciones de causa resultan un poco desconcertantes. Sin embargo son las «más perfectas» para indicar la *conexión necesaria*, en cuanto principio de la asociación.

Y aquí emerge, haciendo algunas «conexiones», la labor apenas perceptible que venía desplegando Hume. La *transición habitual* ocurre en la representación. A través de ella, de sus mecanismos duplicadores, capturadores, de reproducción de las ligazones entre objetos ausentes, se genera una relación causal que responde a necesidades científicas, a la vez que satisface sus ilusiones de explicaciones globales acerca del mundo y sus circunstancias. Aunque, en realidad, «no tenemos idea alguna de esta conexión, ni siquiera una noción distinta de lo que deseamos conocer cuando nos esforzamos por representarla».

El desmontaje de esa «relación» alcanza a todos los dominios. En el *Tratado*, hablando de esa «existencia primitiva» que es la *pasión*, advierte que «no contiene cualidad representativa alguna que haga de ella una copia de otra existencia o de otro modo».

Algo similar ocurre con la idea de subjetividad. Es imposible concebirla como un conjunto de propiedades yoicas, o de ser reducida a cualquier forma de construcción. No es un cúmulo de *propiedades* o *cualidades*, ni tampoco un *constructo*. Es la reflexión misma de los principios asociativos (contigüidad, semejanza y causalidad) afectando a la imaginación. En este proceso la idea ya no es objeto del entendimiento o cualidad de una cosa, pues ella no es *representativa*, sino lo que resta envuelta en un determinado régimen de afecciones.

A lo largo de todos los senderos que recorren el *Tratado* o la *Investigación*, lo que apreciamos es una *crítica radical de las representaciones*, pues éstas, tanto de hecho como de derecho, tienen una imposibilidad sustancial, la de *presentar* las relaciones, y menos la pretensión de hacerlas necesarias y portadoras de validez universal.

El parafraseo de esta crítica resuena, hoy, en

una aserción proveniente del campo psicoanalítico, «la relación sexual no existe». Innegable, pues como acabamos de confirmarlo, sin ampulosidad, la «relación» no pertenece al orden de la existencia, sino del pensamiento.

APÉNDICE II

Las *Analogías de la experiencia* forman parte de la *Analítica de los principios*, correlacionada con la de las *Categorías*, que dan la estructura del entendimiento en su versión trascendental. En copertenencia categorías y principios, dirigidos por la división de los juicios, darán cuenta de la primera parte de la *Lógica trascendental*, o sea, de la constitución del entendimiento (en ella Kant determina que «aislamos al entendimiento [...] y sólo tomamos de nuestro conocimiento la parte del pensamiento que sólo tiene su origen en el entendimiento» — *Crítica de la razón pura*).

El entendimiento, regido por divisiones que asimilarán la mayoría de las categorías aristotélicas (desechando el Espacio y el Tiempo que serán, para Kant, *formas* —no categorías— *puras* independientes, a priori, de la experiencia) en el nido mismo de las formuladas por Kant. Una herencia griega que, pasados casi 2200 años, nadie había cobrado, es decir, intentado trabajar.

La segunda parte de dicha *Lógica* será la *Dialéctica trascendental* o crítica de la «ciencia de la apariencia» que es la dialéctica. Ella sería apropiada «para descubrir la falsa apariencia que encubre sus vanas pretensiones y para sustituir su ambición desmesurada de hallar el conocimiento y extenderlo por leyes trascendentales [...]», o sea, de constituirse en un *Organon* que busca amplificar el conocimiento hasta rozar o internarse en lo propiamente *en-sí mismo*. Mientras que el *trascendental* es un conocimiento que no se ocupa de los *objetos*, sino de la manera que tenemos de conocerlos *a priori*, independiente de una experiencia dada. Así concebido sería un canon (la *Analítica de los principios* no es más que un canon para el Juicio, ya que le enseña a aplicar las categorías a los fenómenos), una exposición analítica y sintética de los límites de nuestro conocimiento racional.

Me he internado hasta estos «límites», mediante algunas especificaciones necesarias, porque el conocimiento encuentra su paradigma en el de los objetos sólo «como fenómenos que son». ¿Qué son los fenómenos? Si me transporto al campo *trascendental* —enemigo de lo *trascendente*— se aclara, pues ¿qué es lo percibido con los *ojos del espíritu*? «Veo que la cosa no es un objeto en sí, sino solo un fenómeno, es decir, una representación». ¿Por qué la cosa es o debe ser así? Por dos razones fundamentales. *Una*, «porque nosotros sólo tenemos que ver con nuestras representaciones [...]».

Otra, porque podemos ceder a «lo que nos impulsa de una manera necesaria a ir más allá de los límites de la experiencia y de todos los fenómenos [...]», «lo *incondicionado*», lo cual «no puede *concebirse sin contradicción*», agregando de nuestra cuenta, ni tampoco librarnos de las paradojas que pueblan el núcleo de la contradicción.

Ahora bien, ¿cómo volver al redil del conocimiento «objetivo»? De un sólo modo: «admitiendo nuestra representación de las cosas, tal como son dadas [...]» y «como fenómenos que son, se reglan por nuestra manera de representar, [así] *desaparece entonces la contradicción*».

Esta teoría del conocimiento, y su consecuente psicología de las *facultades*, que impone con éxito hasta hoy el concepto de representación, establece *canonicamente* que se puede llamar «objeto a toda cosa y a toda representación», bajo la regla de que «tengamos conciencia». Y se reitera hasta el cansancio, «que son simplemente, como representaciones, objetos de conciencia [...]».

Entonces, ¿cuál es el ámbito de las representaciones en este discurso fundante y que permanece vigente en los actuales? Se lo estipula claramente: *la conciencia*. Si tratamos con «representaciones difusas» o de «menor intensidad» (no «aperceptivas») estaremos camino de lo que deberá ser conciente. De ese modo el conocimiento será valido, si y sólo si se mueve en los límites de una experiencia posible.

Extramuros, en los dominios de pérdida de conciencia, semiconcientes (p. ej. en un sueño o un des-

mayo) o inconcientes (p. ej. lo pasional o lo heredi-
tario) sólo funcionarán *conocimientos de segundo
grado* (psíquicos, estéticos, políticos, etc) frecuen-
temente *degradados*.

La hegemonía de la representación (*Vorstell-
ung*) esa palabra de orden y de mando, es fundamental en el *constructivismo* kantiano (el número,
producto de una síntesis matemática, es un constructo).

El problema surge con su reinado y las extra-
polaciones, sin miramientos ni revisiones, a otros
campos (p. ej. el psicoanálisis o la biología) donde
su estatuto, compresión y operatividad son nulos.

APÉNDICE III

Las analogías (pertenecientes a la *Analítica de los principios*) se rigen por la existencia de los fenómenos en el tiempo, bajo sus distintos modos: *permanencia, sucesión* y *simultaneidad*. Constituyen tres leyes cronológicas que son independientes de toda experiencia y entrañan sus condiciones de posibilidad. Como es de rigor la experiencia sólo será «posible por la representación de un enlace necesario de percepciones», puesto que es un conocimiento empírico o cuyo objeto es determinado por percepciones.

Las *Analogías de la experiencia* son principios *reguladores* (no como los «axiomas de la intuición» y las «anticipaciones de la percepción», mediante los que se construye el concepto de número) que se aplican a las representaciones. Dan cuenta de cómo están enlazadas unas con otras en aquellos modos (*modi*) de tiempo.

De manera que todos los fenómenos (representaciones) están en el tiempo y es en él donde cambian. Es el *substratum*, imposible de ser percibido, es la sustancia de todo cambio que es lo real que «permanece siempre el mismo». Sin este «real» nunca podremos saber si la diversidad, como referente de la experiencia, es *sucesiva* o *simultánea*.

«En efecto, el cambio no concierne al tiempo en sí, sino sólo a los fenómenos en el tiempo».

El tiempo, ese *Tiempo*, es un absoluto sustancial, calcado del *Espacio absoluto* newtoniano, espacializado y regularizado a su manera como reservorio de cualquier transformación. Pero, en verdad, no escapa de la concepción vulgar del tiempo. Sus tres «leyes» están secuenciadas cronologicamente. Aún la *simultaneidad* que en un primer momento Kant representó por un «círculo», a posteriori afirma que en ella «no existen partes simultáneas, sino sólo sucesivas».

Asimismo, y esto es relevante, lo que resta como legado es un *concepto espacializado* de representación. No cabe duda, entonces, que ese recurso podrá extrapolarse a cualquier otro espacio, sea el del cuerpo, las «representaciones colectivas», «inconcientes», o el mismo espacio escénico. Justo en el conjunto mencionado se puede probar fehacientemente que fracasa el uso unilateral de categorías extensivas. Las exigencias aquí son las de trabajar con la noción de *lugar*, surcado por adhesiones, intensidades, apropiaciones y afecciones que lo constituyen, dejando las coordenadas abstractas del *espacio* como una de las variables a ser usadas instrumentalmente o como una modalidad ocasional de formalización.

Los principios *reguladores* («Analogías de la experiencia» y «Postulados del pensamiento empírico en general») y su forma *legislativa* evocan sólo eso, en el plano del entendimiento, la *pura forma de la ley* que regulará las acciones en el plano ético. Aunque harán falta otros items —*las antinomias*— que proveerá la crítica de la dialéctica. Con ella se habrá consumado el pasaje a una práctica ética cuyos imperativos rehuyen los valores trascendentes (bien, mal, útil, inútil, etc.) de toda moral. Ética profundamente *in-moral*.

Un último subrayado. La segunda analogía, «principio de la sucesión en el tiempo según la ley de causalidad», está ligada a la categoría de relación, regida por el *orden del tiempo* y se basa en un *juicio hipotético*.

La tercera, «principio de la simultaneidad según la ley de la acción y la reacción o de la reciprocidad» se enlaza con la misma categoría, idéntico orden del tiempo, y respaldado en un *juicio disyuntivo*.

Como es evidente ninguno de ellos puede llegar al rango de *categórico*, clave para alcanzar la ley moral. El tiempo lineal del primero marca una tendencia. El circular del segundo, una vuelta al «comercio entre sustancias», como gustaba nombrar el viejo Kant, a la mutua influencia, acción y reacción entre ellas y a la *comunidad* categorial aspirada.

Sin embargo, como ya indiqué, ello no es suficiente para hacer un pasaje razonable a la ética, los límites que ponía el entendimiento para que hubiera un conocimiento válido ahora le son puestos a él para formular una práctica ética reguladora de los intercambios colectivos.

De todos modos algo se ha logrado a través de los principios del entendimiento, rebasando las inclinaciones del sujeto, que desemboca por diferentes instancias (las antinomias) en el mundo ético. ¿Cuál es el logro *representativo*? El hombre es arrancado de la animalidad para ser sumergido en la eticidad.

Si la inmersión ha sido favorable para su *naturaleza*, sus capacidades afectivas y sus vinculaciones comunitarias, sólo la *permanencia del tiempo* y la *pura forma de la ley* (fuera del estado y los intereses sectoriales) podría asegurarlo. Pero, hasta ahora, nada lo ha confirmado; más bien todo muestra que los desiertos y deserciones van convirtiéndose en su misma *naturaleza*. La moral y su ley redundante se mece con los vientos que la azotan.

APÉNDICE IV

Hegel parte de la crítica implícita a la *Acción recíproca* tal como la formula Kant en la tercera *Analogía de la experiencia*. Mata dos pájaros con la misma piedra, ya que también alude a la imposibilidad de acceder a la *eticidad* mediante una antinomia (el tercer *conflicto* de la *Antitética de la razón pura*) puesta sólo por una reflexión que carece de la potencia sobrepasadora de lo negativo.

La dialéctica será una «ilusión trascendental» —como en Kant— siempre que se la enfoque desde el *entendimiento*, facultad del conocimiento fenoménico de los objetos, separada tajantemente de la *razón*, facultad práctica que regula las acciones entre los hombres mediante la ley moral.

En cambio, para Hegel, el conocimiento posible de los objetos, su construcción categorial, etc., son posibles por su constante *sobrepasamiento* hacia el universo del concepto, la subjetividad, o sea, de la *libertad*, movimiento de una conquista sin término.

Ningún proceso de su pensamiento está succionado desde un final que marcaría su derrotero por anticipado. Por el contrario son las *conversiones recíprocas*, provocadas por la contradicción, las que manifiestan el andar de la negatividad. La *teología* no sería más que un rasgo mitológico endosado a su dialéctica para tildarla de cerrada y reconciliadora.

Un despliegue insuficiente de su enfoque de la causalidad puede mitigar los abundantes prejuicios volcados sobre la dialéctica. Algo así como un contrapeso a las «aventuras de la dialéctica» que, en su momento, fueron denunciadas. La *Ciencia de la lógica* nos presta su soporte.

En su *Doctrina de la esencia* pone de relieve que la causa (en una *relación de causalidad determinada*) es totalmente diferente del efecto. ¿Por qué ocurre esta diversidad? Porque ahí se interpone lo que llama «el viviente», que modifica y transforma, de manera independiente, a la misma causa, no permitiendo que alcance su efecto o *ser-puesto*. De este modo, la elimina como causa productora, siendo apenas la *oportunidad*, «excitación exterior», para que el espíritu (*Geist*) se manifieste.

La función de *oportunidad* que señala Hegel es idéntica a la que los estoicos atribuían a la *causa procatártica*, importada por ellos, como fue apuntado, de la medicina.

En afinidad con Spinoza, para Hegel la causalidad es un *actuar que presupone* su propio acto, como la *causa sui* espinozista. Por ser *acto* y *actuar* se convierte en potencia negativa frente a sí misma. Así ejerce sobre la *sustancia pasiva* (lo inmediato), actuando sobre sí como un ser-otro. Al estar puesta de ese *modo*, por medio de otro, la misma sustancia pasiva es *modi-ficada* siendo una y la misma cosa con el *devenir*.

Sin embargo, para la marcha hacia el concepto, el proceso de *acción* y *reacción* o una primera causa que actúa desde el comienzo y que tiene como retorno su acción en tanto reacción, es deficitario. ¿Por qué? Porque ese *actuar* cae en la *progresión* o «falso infinito». Y este debe ser sobrepasado (*Aufhebung*), doblegado para transformarse en un *actuar recíproco* infinito, pasaje a la *acción recíproca* de sustancias que se condicionan mutuamente, según su presentación como causalidad recíproca (*gegenseitige kausalität*) donde cada sustancia es activa y pasiva.

La causalidad queda, así, *condicionada* y *condiciona*, pero ambas dimensiones son pasivas. Todo ocurre porque la pasividad no es más que la *negación* de la causa por medio de sí misma. Potencia de la negatividad que hace que la causa se convierta en efecto, por lo cual es causa, o sea, *actúa*. En reciprocidad, entonces, «el efecto está en relación consigo mismo *como causa*». De este modo, la causalidad retorna a su concepto absoluto y, simultáneamente, alcanza al *concepto* mismo.

La negación, fundamento de la causa, eleva la necesidad a libertad. En la acción recíproca la causalidad originaria se presenta bifaz. Por un lado como *surgimiento* procedente de su negación. Por otro como un *perecer* en ésta, vaivén mismo del devenir. Así es como la negación envuelve a su opuesto, siendo «su positivo *fundirse* consigo misma».

En esta escala hacia el concepto, «necesidad y causalidad han desaparecido» por la fuerza de la negación que convierte a una en otra, haciendo que la primera devenga *libertad* y ésta *necesidad*. A la vez que la *causa* (traspasar de lo «puesto» originario a la apariencia) muda en *efecto* («ser puesto»).

El movimiento de la *negación* persigue un doble resultado.

Primero, vaciar la sustancialidad de los términos para que el trasvasamiento de uno en otro —bajo el régimen de la contradicción— se haga efectivo como proceso de interiorización donde los «idénticos» (causa-efecto, necesidad-accidentalidad, ambos convertidos en *libertad*) ya no mantienen relaciones externas, pues «*como idénticas* [...] están puestas sólo como una y la misma reflexión». La eticidad lograda por los «traspasamientos» recíprocos hace pie seguro en una libertad que reúne —sin conciliarlas— las contradicciones conservando sus diferencias como marcas de retorno para las marchas y contramarchas del espíritu.

Segundo, las vías de las diferencias se trazan a través de tres totalidades (lo *universal*, lo *singular* y lo *particular*) impedidas de ser *totalitarias* por el sistema de conversiones que las rige. Y porque dichas totalidades «son, por ende, una única y misma reflexión [...]» diferencial, absolutamente transparente, determinación simple en el curso de su constitución.

Como se ve para Hegel lo *simple* es el resultado de un complejo proceso, no su punto de partida. Lo *simple* es la complejidad en estado puro. Así, transitando, haciendo los relevos por «la única y misma identidad de ellas», hemos arribado al logro interiorizado de la causa que *es* (en el sentido de que este *es* se trasvasa hacia el sujeto y hacia el predicado) efecto que *es* causa, de una necesidad que *es* libertad que *no deja de ser* necesidad. Identidad que rompe con toda igualdad, porque en su interior bulle el devenir.

Llegada a un puesto de relevo (que ocupará la *Lógica subjetiva* o *doctrina del concepto*), rúbrica que dice: «esto es el concepto, el reino de la subjetividad o de la libertad».

¿Quién tendrá las llaves del reino? O, aún mejor ¿tendrá llaves este reino? Preguntas que, quizás, podría contestar un cerrajero, ese maestro de aperturas y cierres.

SOBRE EL AUTOR

Juan Carlos De Brasi. Filósofo. Ensayista. Psicoanalista. Codirector del Espacio Psicoanalítico de Barcelona. Ex profesor de la Universidad de Buenos Aires (UBA 1991-1999). Profesor en distintas universidades e instituciones extranjeras. Investigador de la problemática institucional, grupal y de la subjetividad contemporánea. Codirector de la publicación *Lo Grupal* y colaborador en distintas publicaciones.

Algunos de sus ensayos publicados son: "Subjetividad, grupalidad, identificaciones"; "La monarquía causal"; "La explosión del sujeto. Acontecer de las masas y desfondamiento subjetivo en Freud";[118] "La problemática de la subjetividad. Un ensayo, una conversación";[119] "Ensayo sobre el pensamiento sutil. La cuestión de la causalidad. La causalidad en cuestión";[120] "Apreciaciones sobre la violencia simbólica, la identidad y el poder".[121]

---

[118]Nº. 2 de esta colección.

[119]Nº. 3 de esta colección.

[120]Nº. 4 de esta colección.

[121]Nº. 1 de la colección *Cuadernos mínimos*.

En preparación: "Flechas de pensamiento. Ver-
dinales y meditaciones".

Colección Aperturas

1. Josep Maria Blasco, *Estrategias imperiales*
2. Juan Carlos De Brasi, *La explosión del sujeto. Acontecer de las masas y desfondamiento subjetivo en Freud*
3. Juan Carlos De Brasi, *La problemática de la subjetividad. Un ensayo, una conversación*
4. Juan Carlos De Brasi, *Ensayo sobre el pensamiento sutil. La cuestión de la causalidad. La causalidad en cuestión*
5. Juan Carlos De Brasi, *Elogio del pensamiento*
6. Gabriela Cardaci, *Lo grupal como intervención crítica. Sobre la publicación* Lo Grupal *en la Argentina (1983-1993)*

Colección Cuadernos mínimos

1. Juan Carlos De Brasi, *Apreciaciones sobre la violencia simbólica, la identidad y el poder*

www.ingramcontent.com/pod-product-compliance
Lightning Source LLC
Chambersburg PA
CBHW030423290526
45786CB00001B/116